MW01626391

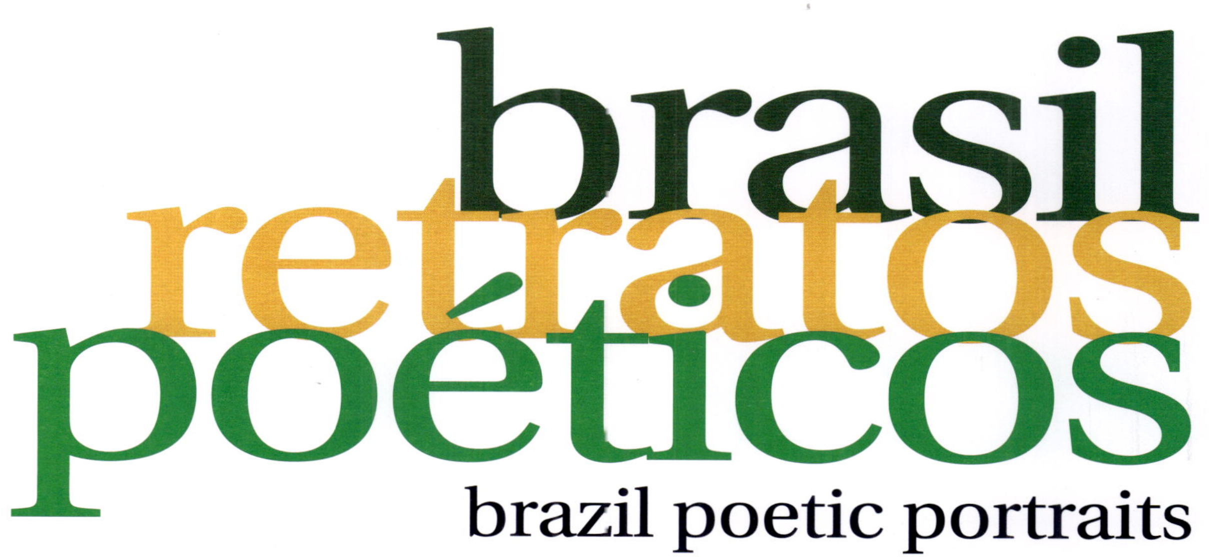

brasil retratos poéticos

brazil poetic portraits

Escrituras Editora e Distribuidora de Livros Ltda.
Rua Maestro Callia, 123 Vila Mariana 04012-100
São Paulo, SP – Telefax: (11) 5082-4190
e-mail: escrituras@escrituras.com.br
site: www.escrituras.com.br

Editor
Raimundo Gadelha

Coordenação editorial
Dulce S. Seabra

Projeto gráfico
Mauro Lima e William Torre

Pesquisa fotográfica e tradução dos poemas
Raimundo Gadelha

Tradução dos textos
Dominique Makins
Mark Ament

Revisão
Nydia Lícia Ghilardi

Editoração eletrônica
Vaner Alaimo

Impressão
Takano Editora Gráfica Ltda.

Acabamento
RR Donnelley

Impresso no Brasil
Printed in Brazil

Dados Internacionais de Catalogação na Publicação (CIP)
(Câmara Brasileira do Livro, SP, Brasil)

Brasil retratos poéticos, 3 = Brazil poetic portraits / fotos/photos Denise Greco, Iara Venanzi, Juca Martins, Luciano Candisani ; textos/poems Raimundo Gadelha. – São Paulo: Escrituras Editora, 2003.

ISBN: 85-7531-099-2

1. Brasil – Descrição 2. Brasil – Fotografias – Brasil I. Greco, Denise. II. Venanzi, Iara. III. Martins, Juca. IV. Candisani, Luciano. V. Gadelha, Raimundo. VI. Título: Brazil poetic portraits.

03-4828 CDD-779.9981

Índice para catálogo sistemático:
1. Brasil : Fotografias: Coleções 779.9981

Apoio cultural:

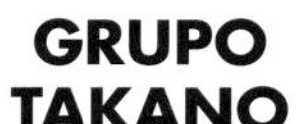

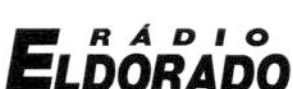

RR DONNELLEY
América Latina

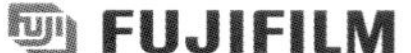

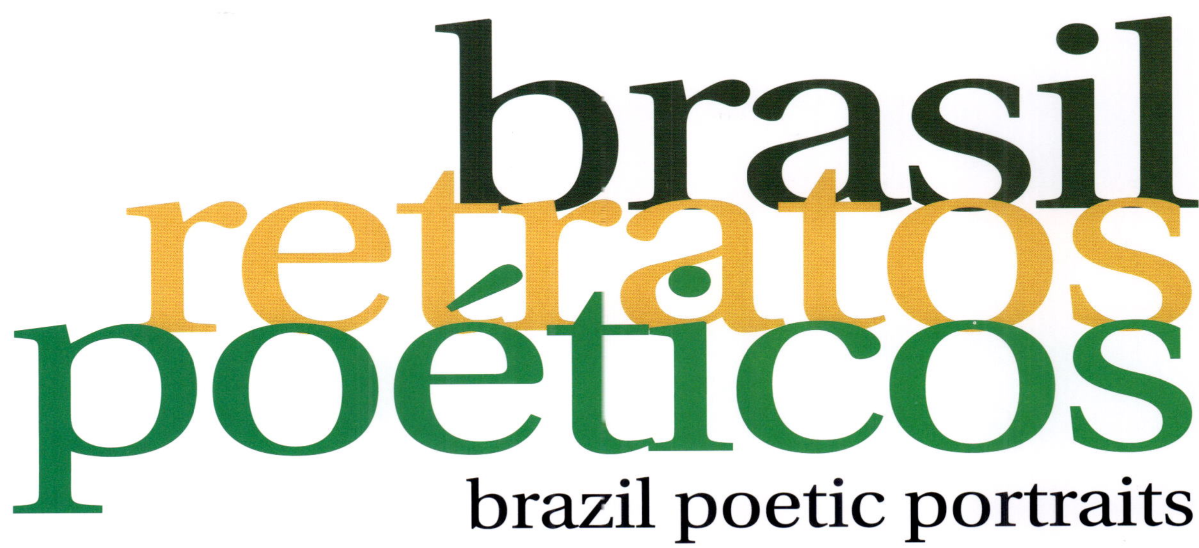

brasil retratos poéticos

brazil poetic portraits

textos/poems
raimundo gadelha

fotos/photos
denise greco
iara venanzi
juca martins
luciano candisani

3

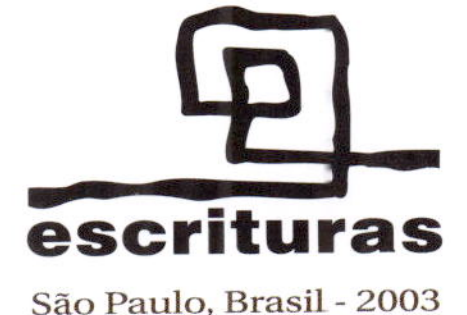

escrituras
São Paulo, Brasil - 2003

Quando recebi o convite para fazer a apresentação do livro *Brasil Retratos Poéticos 3*, fiquei muito honrado e me sentindo em casa. Afinal, em 30 anos de militância na área de meio ambiente e 17 anos de Fundação SOS Mata Atlântica, sempre convivi com fotógrafos e suas fotos.
Presente em todos os momentos da história da Fundação, a fotografia se transformou numa das melhores formas para atingir a população, o elemento que garantiu as mobilizações em defesa do meio ambiente.
Ao me deliciar com as fotos que compõem este livro, lembrei das formas fantásticas que a natureza tem de se manifestar, proteger seus frutos, concorrendo pela busca do sol no meio da floresta, criando formas variadas para polinizar suas flores, rios e montanhas formando molduras para cenários deslumbrantes, os matizes, as cores que mimetizam nossa percepção. Imaginava que a foto era a sensibilidade do fotógrafo, captada por sua lente. Descobri que estava enganado! Passear por este livro me mostrou que a natureza sabe posar para uma foto, falar com cada um e, ao fazê-lo, é a natureza que captura o olhar do fotógrafo. E o nosso. Lembrei dos índios e de seu medo de que lhes roubassem a alma. Pensei nos tempos imemoriais, no fascínio demonstrado através dos hieróglifos. Tão generosa a natureza, que se revela para nós a todo instante como um espelho. Toda nossa história contada por ela, quer como destruição, quer como poesia, quer como semelhanças, quer como diversidade. A foto é o cenário onde a nossa história acontece. Que a natureza que se revela nestas fotos, associadas aos sensíveis poemas de Raimundo Gadelha, o leve a uma grande viagem, assim como aconteceu comigo.

When I received the invitation to write the presentation of the book Brasil Retratos Poéticos 3, *I was greatly honoured and felt at home. After all, during 30 years of fighting for the environment and 17 years of the Fundação SOS Mata Atlântica, I have always been in contact with photographers and their photos.*
Present throughout the history of the Fundação, photography has become one of the best ways of reaching the people, being the element which fueled the movements in defense of the environment.
While delighting in the photos which make up this book, I remembered the fantastic ways in which nature manifests itself, protects its fruits, competing for the sun in the middle of the forest, creating a variety of ways to pollinate its flowers, rivers and mountains forming a framework for incredible scenery, the tints, the colours which deceive our perception. I imagined that the photograph was the sensibility of the photographer captured through his lens. I discovered that I was wrong! Moving through this book showed me that nature knows how to pose for a photo, talk to each and everyone and, whilst doing this, it is nature that captures the look of the photographer. And also ours. I recalled the Indians and their fear that they would steal their soul. I thought of time immemorial, of the fascination demonstrated through hieroglyphics. Nature is so generous that she reveals herself to us at every moment, like a mirror. All our history told by her, be it as destruction, be it as poetry, be it as likeness, be it as diversity. The photo is the scenery where our history takes place. May the nature which is revealed in these photos, together with Raimundo Gadelha´s sensitive poems, take you on a wonderful voyage, like it did me.

Mário Mantovani

Geógrafo, diretor da Fundação SOS Mata Atlântica
Geographer, Fundação SOS Mata Atlântica´s manager

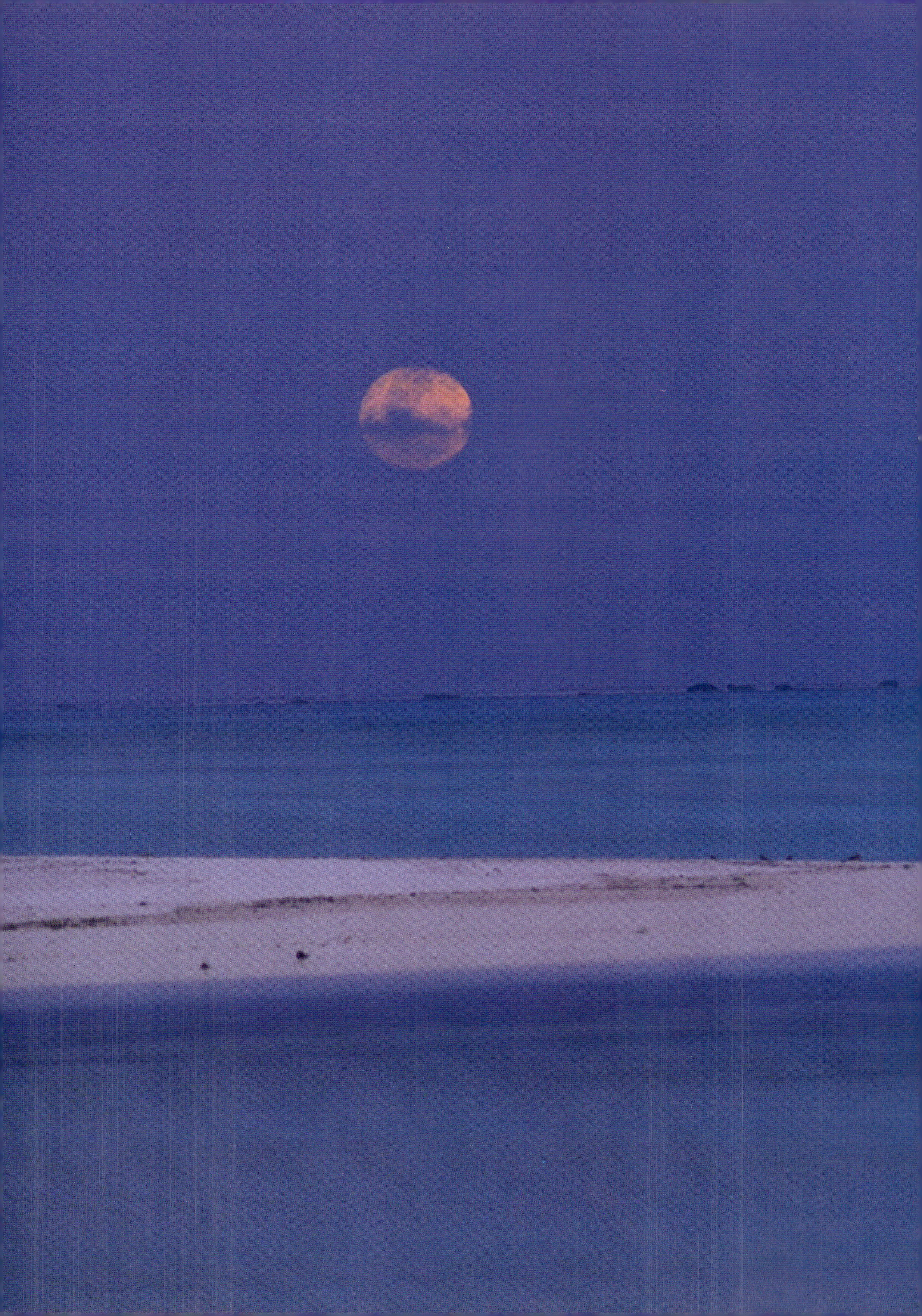

denise greco

Do tronco imponente projetam-se evanescentes matizes
Submersas raízes são sustentáculos de tudo...
Sobre as águas, sombras sob o sol
simbolizam a bela e eterna transitoriedade.

From the trunk of the tree
leaves leave on the free space different tones of green
Hidden roots are the support of them all...
And in the mall of time, under the sun and over the waters,
shadows symbolize the beautiful and eternal transitoriness.

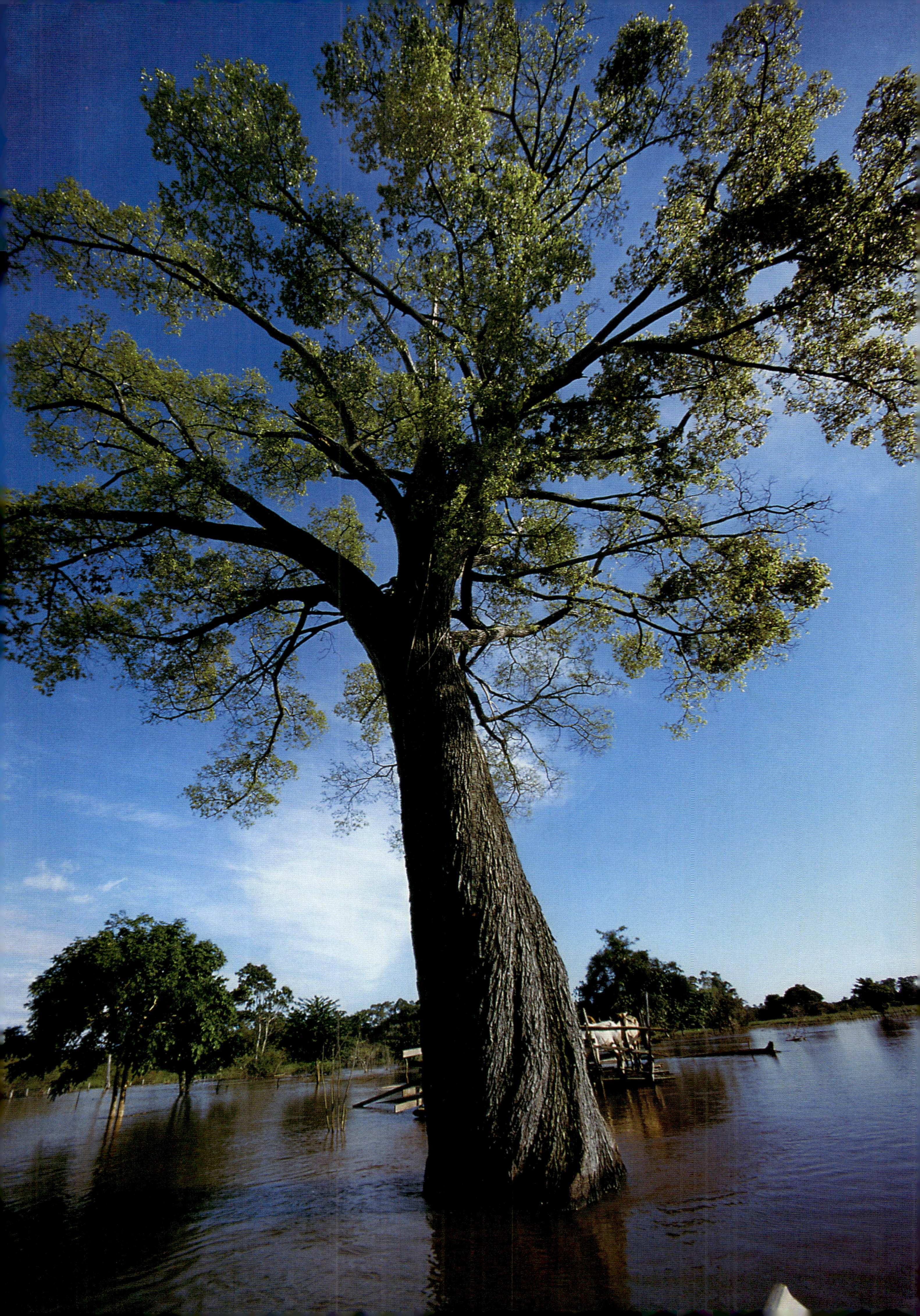

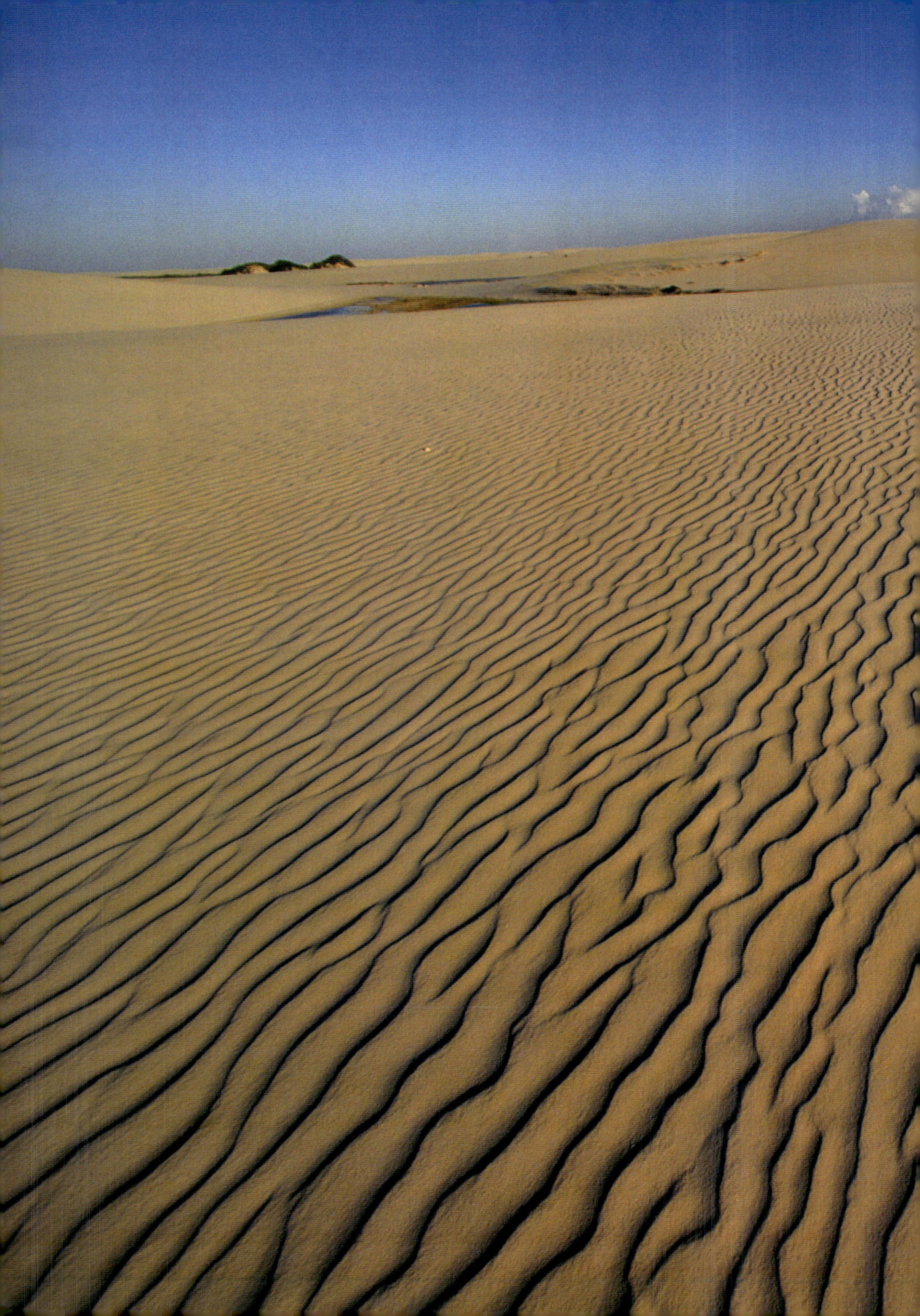

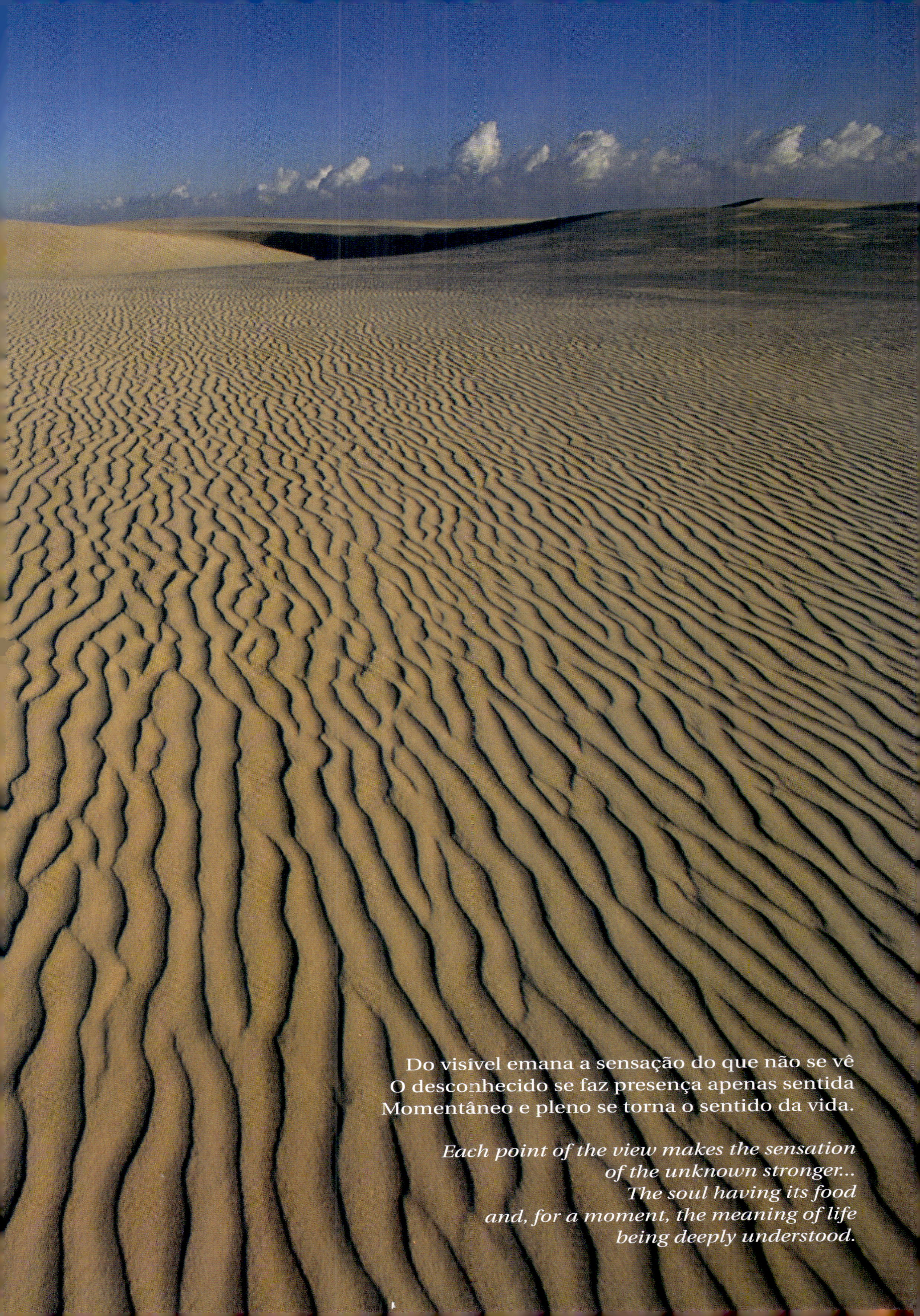

Do visível emana a sensação do que não se vê
O desconhecido se faz presença apenas sentida
Momentâneo e pleno se torna o sentido da vida.

Each point of the view makes the sensation
of the unknown stronger...
The soul having its food
and, for a moment, the meaning of life
being deeply understood.

Dourado e duradouro sonho,
sangradouro de duras memórias...
Na decantação da alma, grilos cantam
e gafanhotos roem sobras de saudade.

Long and golden dream,
stream of strong memories...
While the soul is pouring out, crickets sing
and grasshoppers gnaw at what is left of hopes and longing.

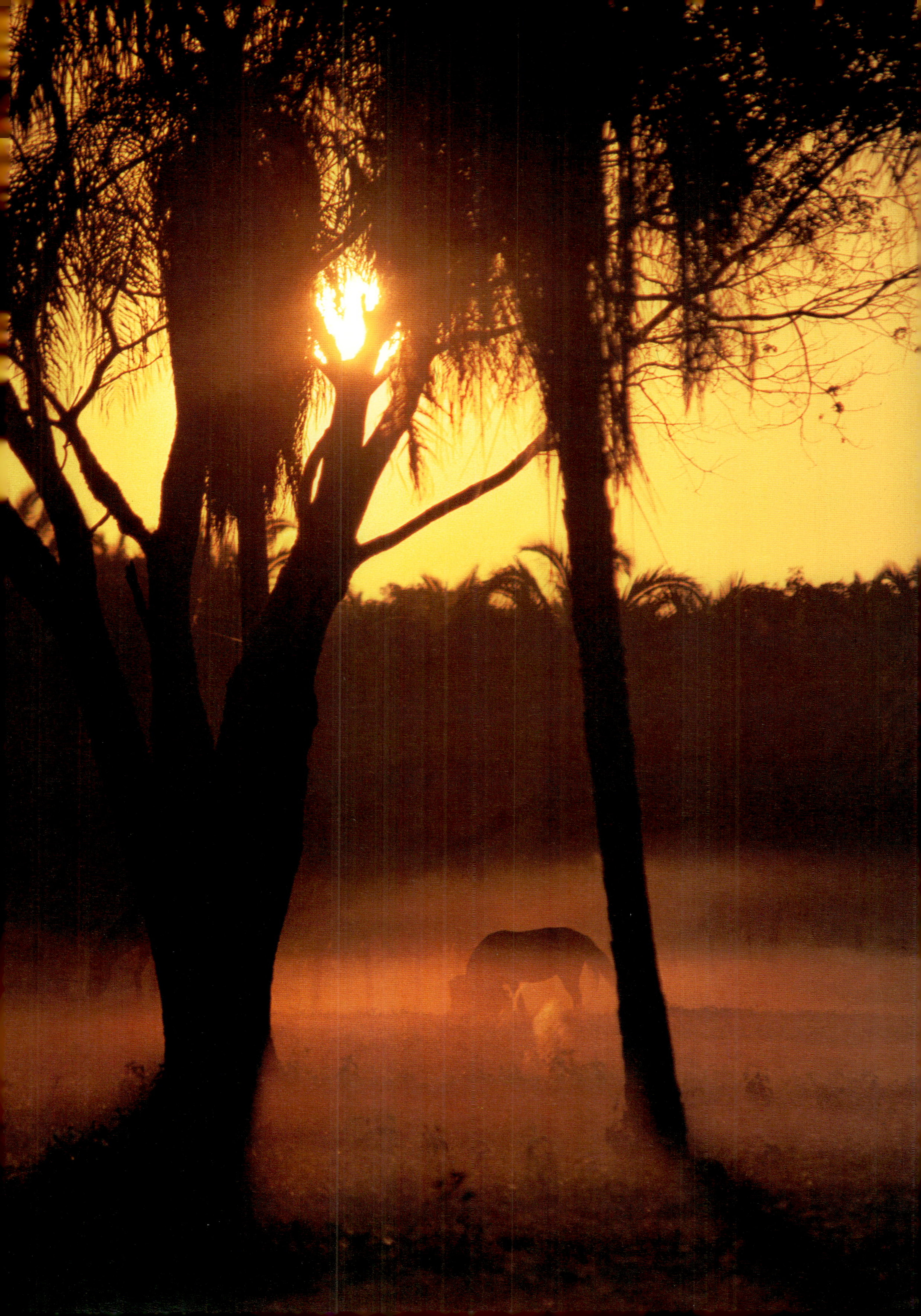

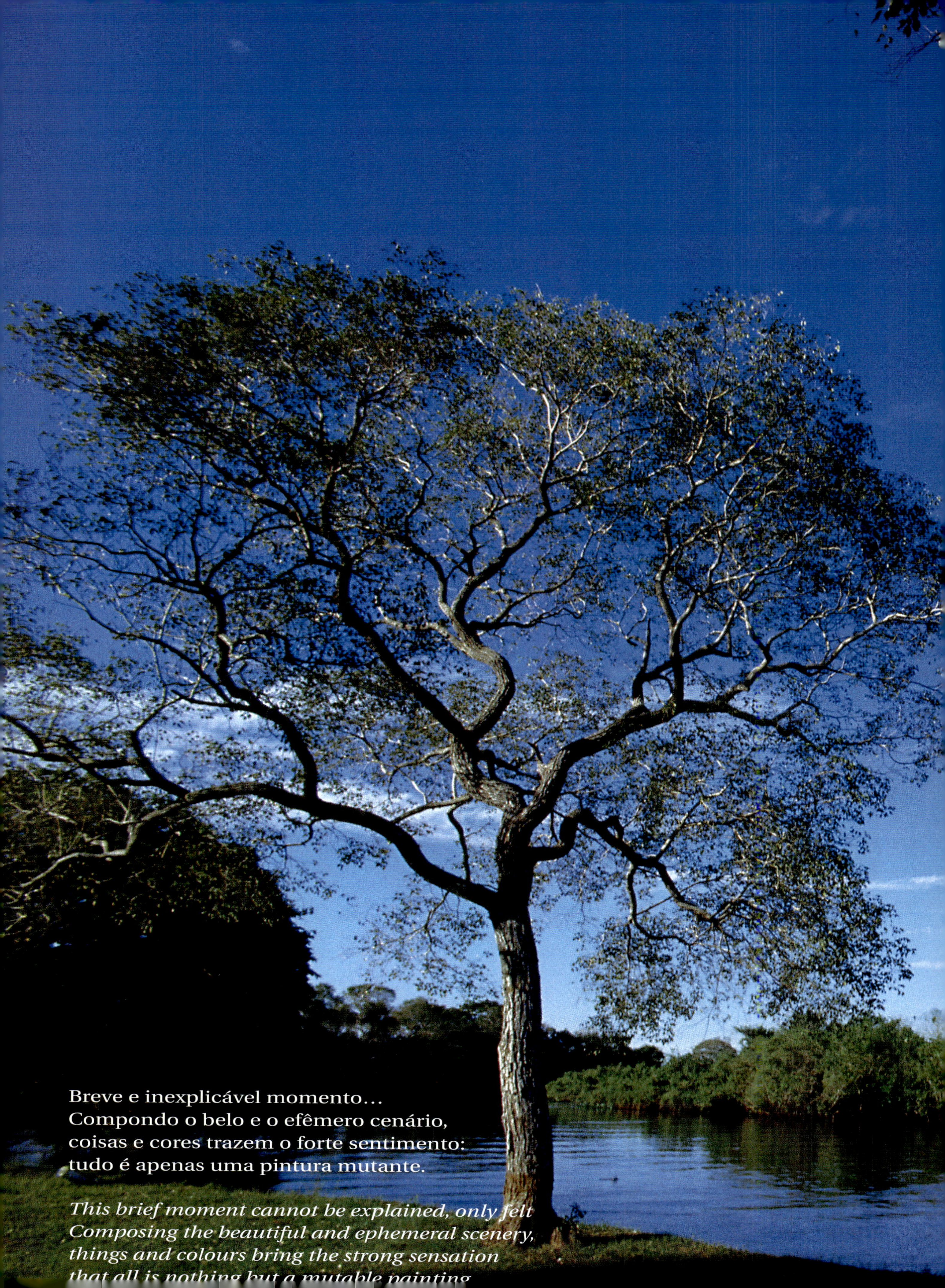

Breve e inexplicável momento...
Compondo o belo e o efêmero cenário,
coisas e cores trazem o forte sentimento:
tudo é apenas uma pintura mutante.

This brief moment cannot be explained, only felt
Composing the beautiful and ephemeral scenery,
things and colours bring the strong sensation
that all is nothing but a mutable painting

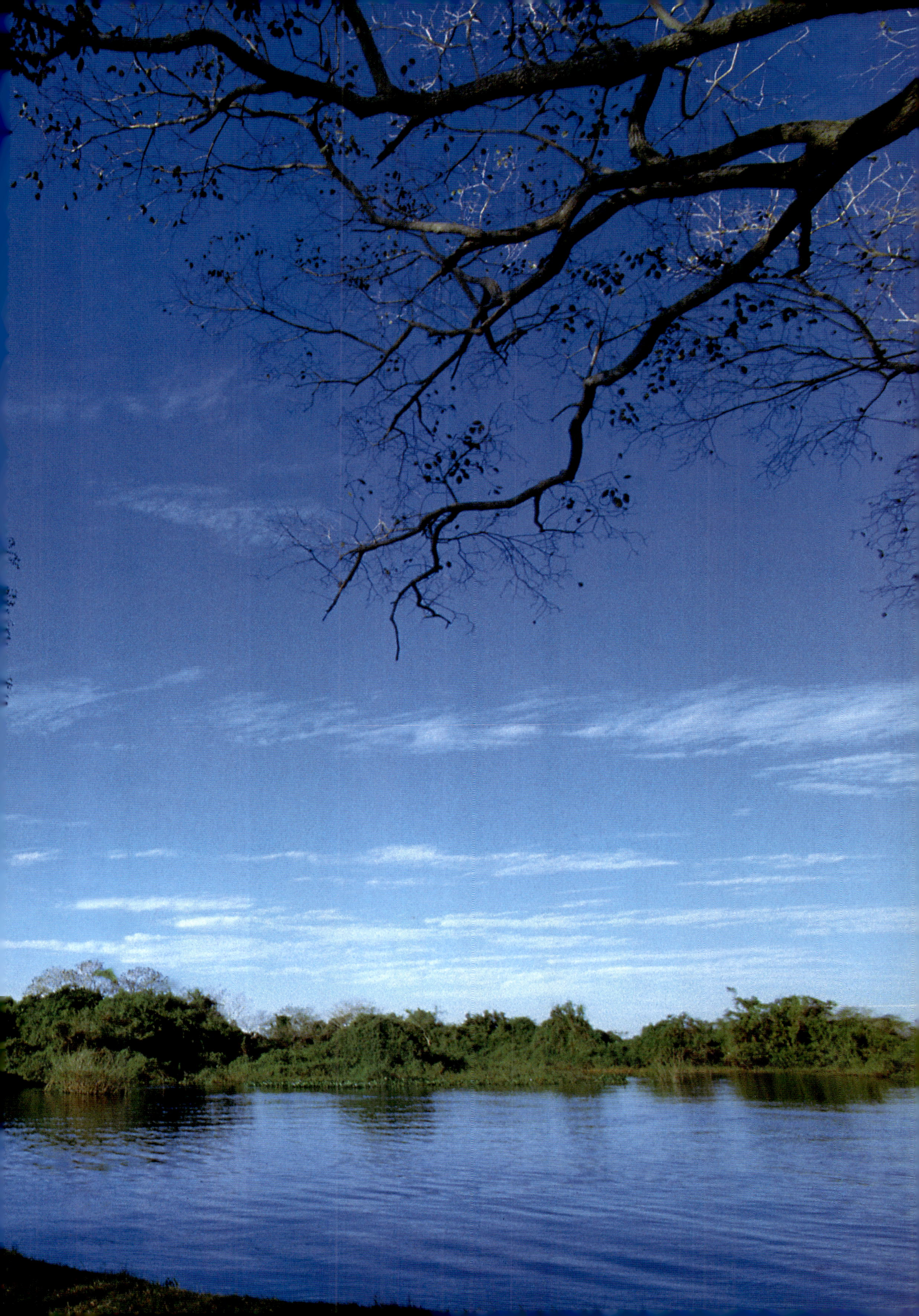

As nuvens despem-se do seu alado pesar
e do céu descem ao lago
Logo, mais brancas e brandas,
seguirão sem rumo no infinito azul.

Having got rid of the heavy sorrow
the clouds descend and reach the lake
Soon, flakes white as the moon
will fly high in the infinite sky.

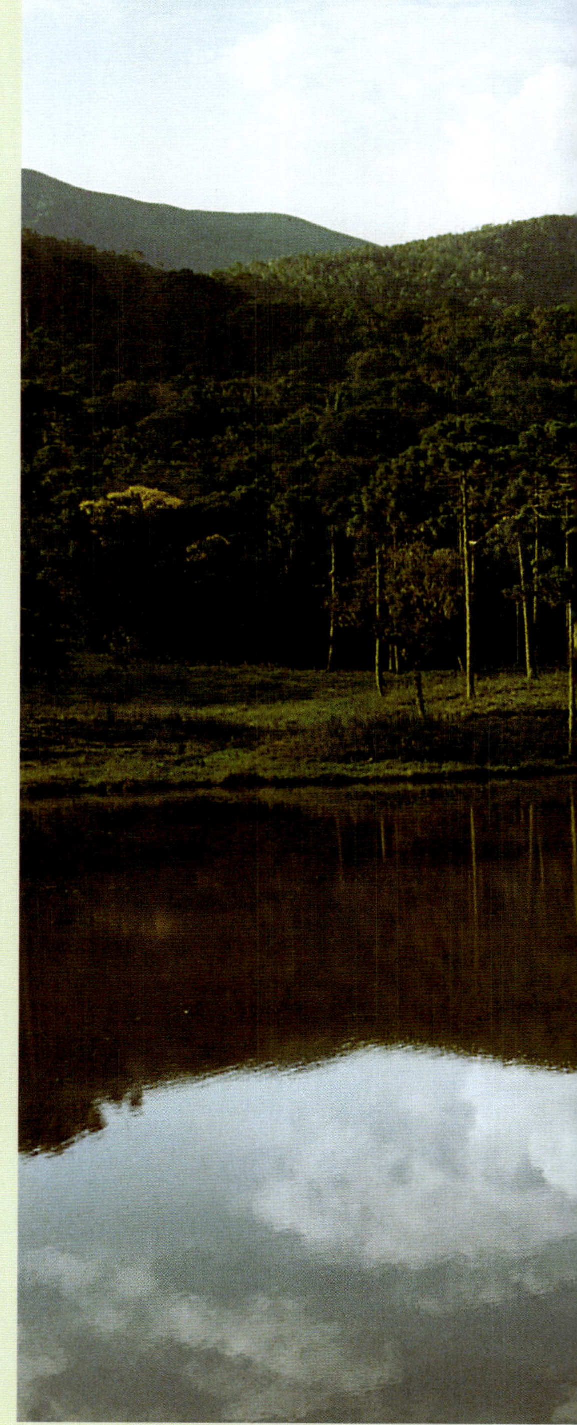

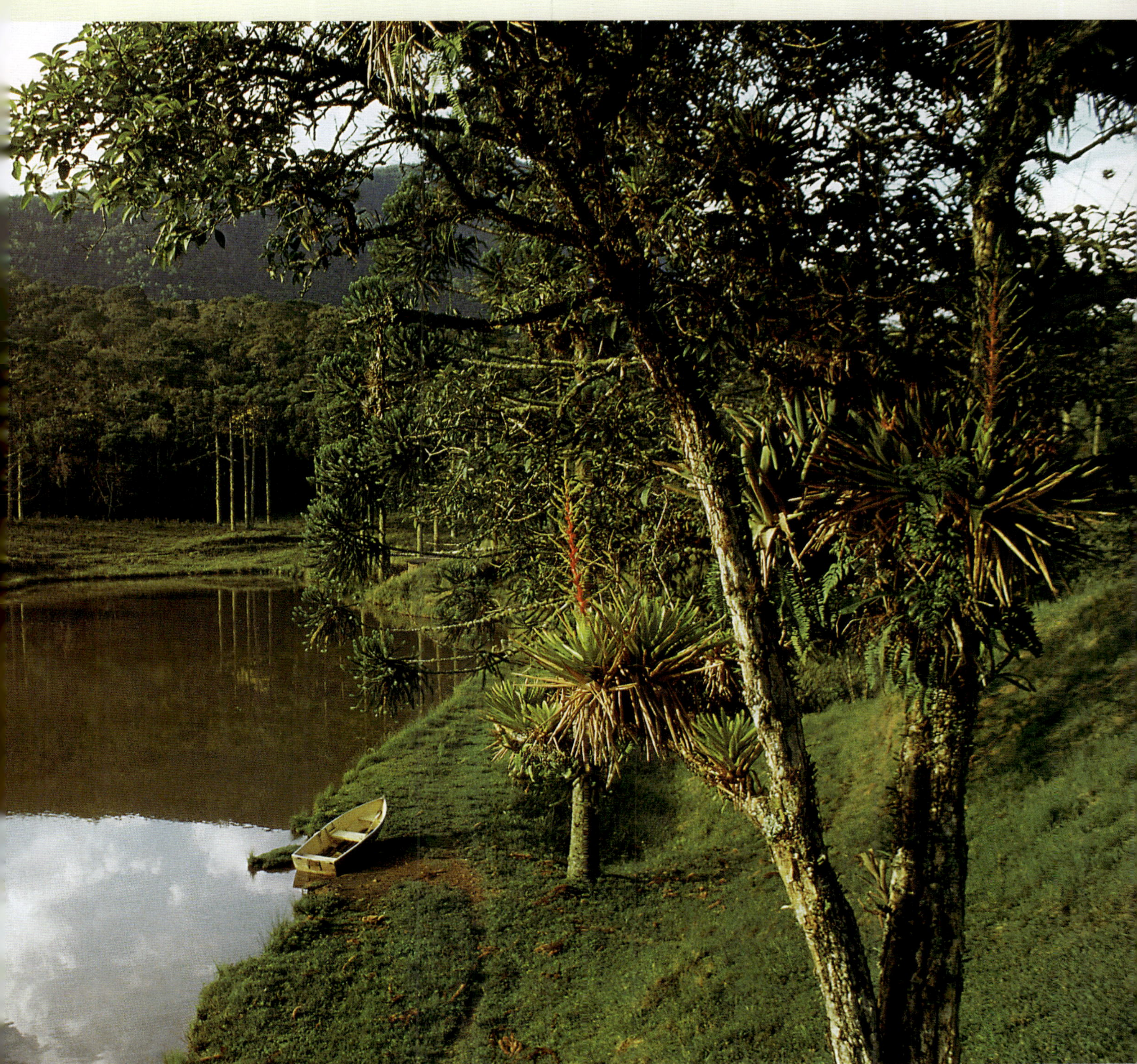

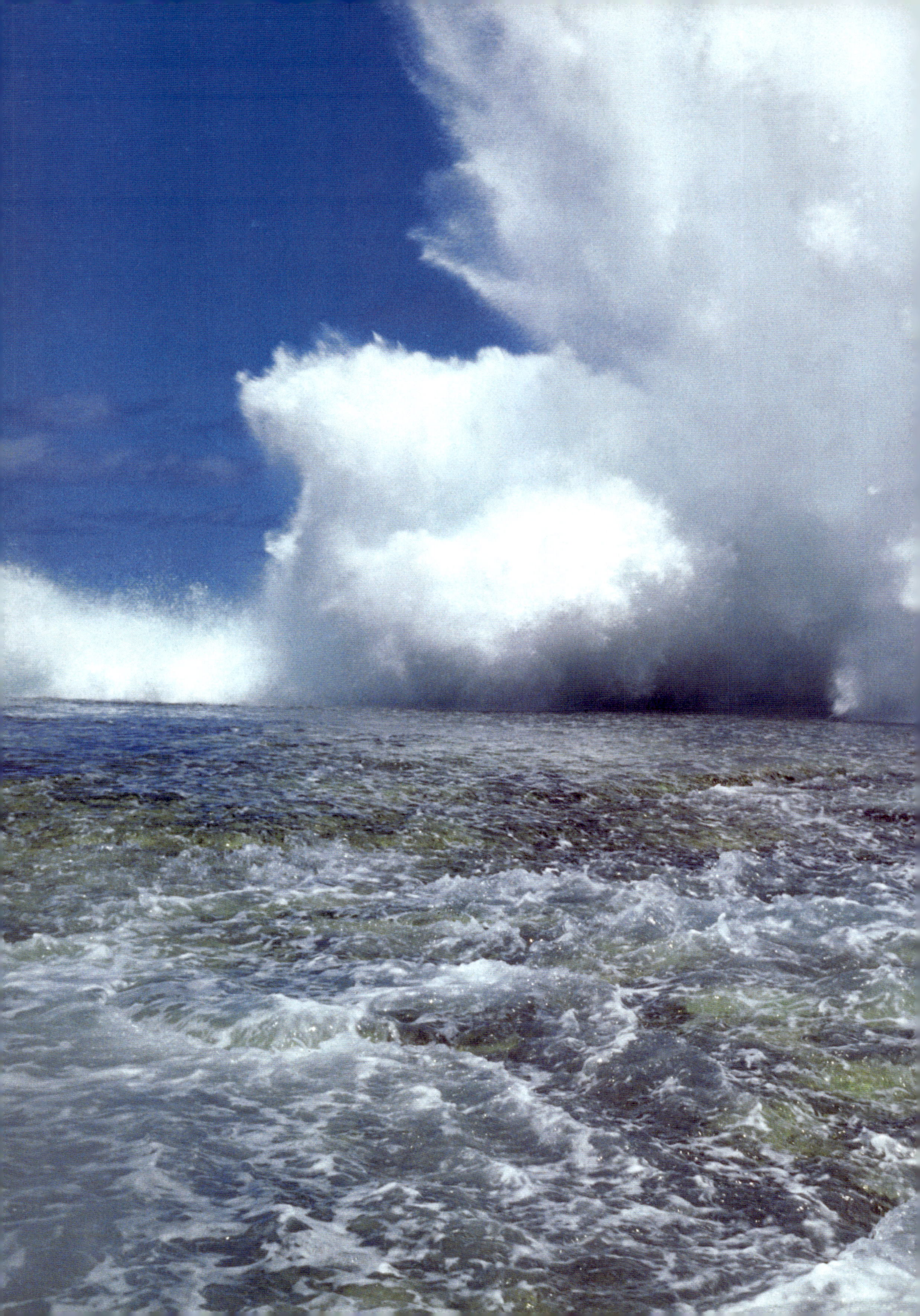

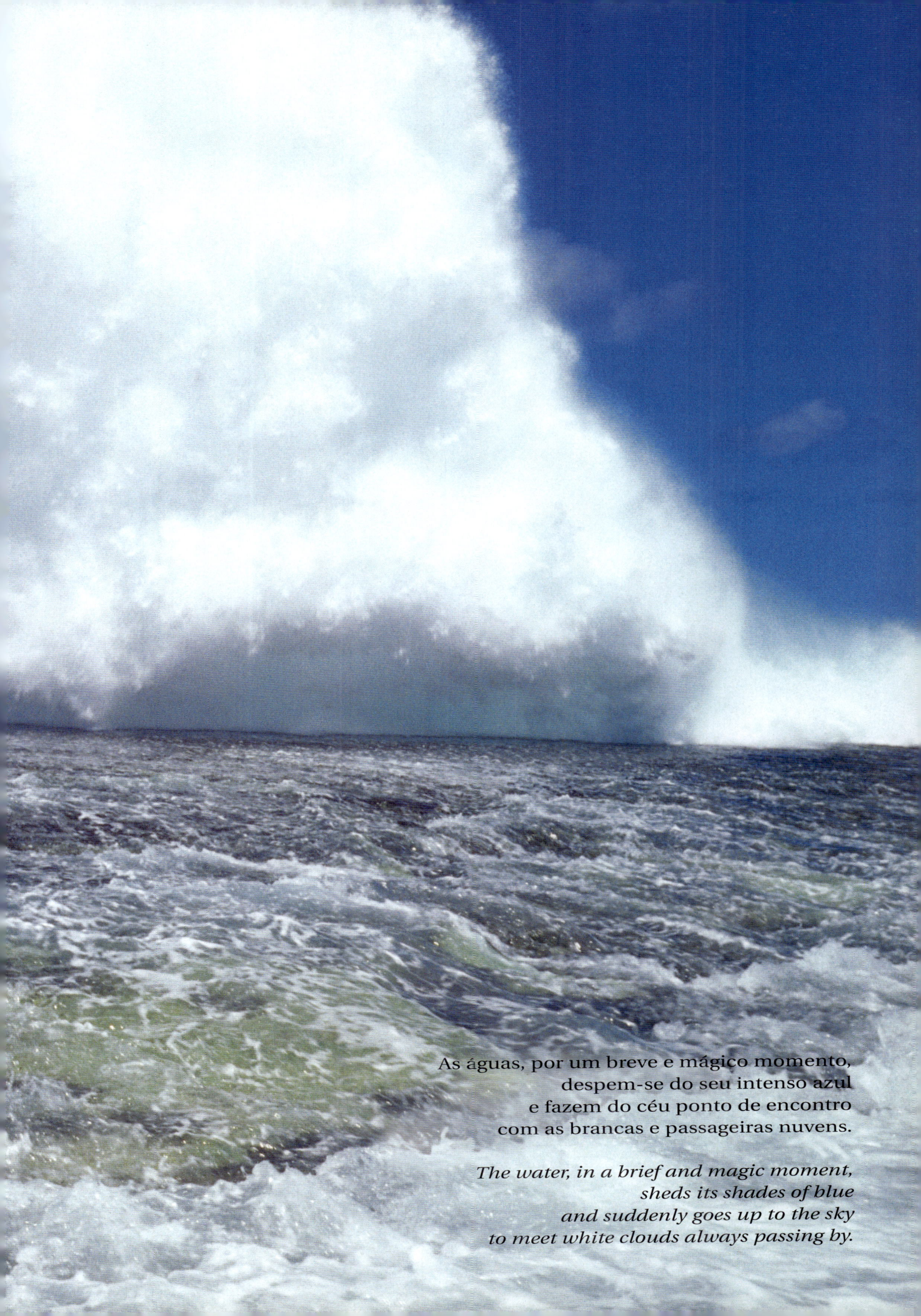

As águas, por um breve e mágico momento,
despem-se do seu intenso azul
e fazem do céu ponto de encontro
com as brancas e passageiras nuvens.

The water, in a brief and magic moment,
sheds its shades of blue
and suddenly goes up to the sky
to meet white clouds always passing by.

Muralhas de pedras revestidas de verde
são palco e platéia do espetáculo
que ver de perto o arco-íris também quer.

Great walls covered in green
are the stage and audience of the show
Knowing the beauty should be seen
the rainbow comes closer to see it better.

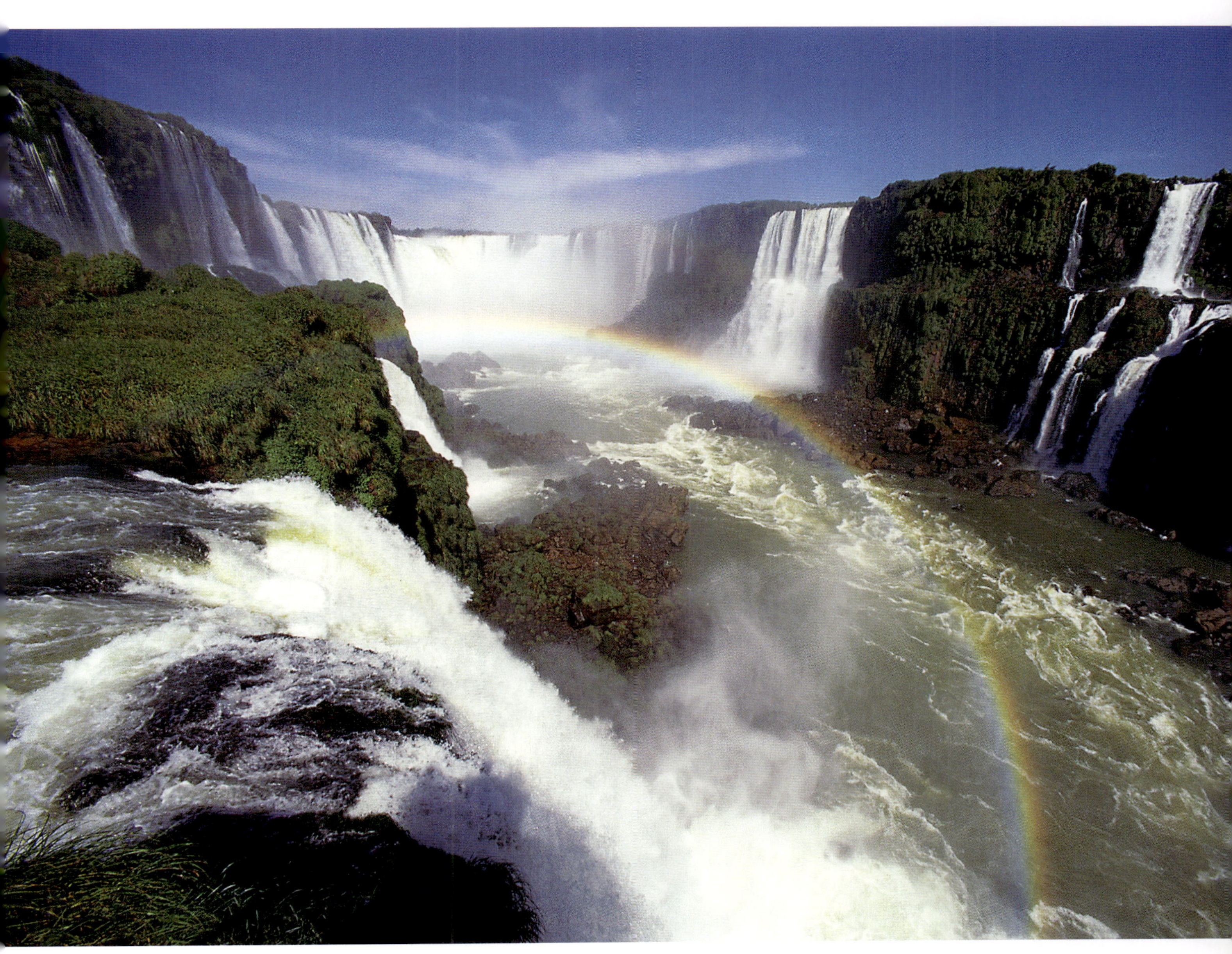

Momento de paz
espelhando em tudo tanta harmonia...
Cuidadosos, os peixes nadam em silêncio.

A moment of peace
in everything reflecting such harmony...
Plenty of care, the fishes go on silently swimming.

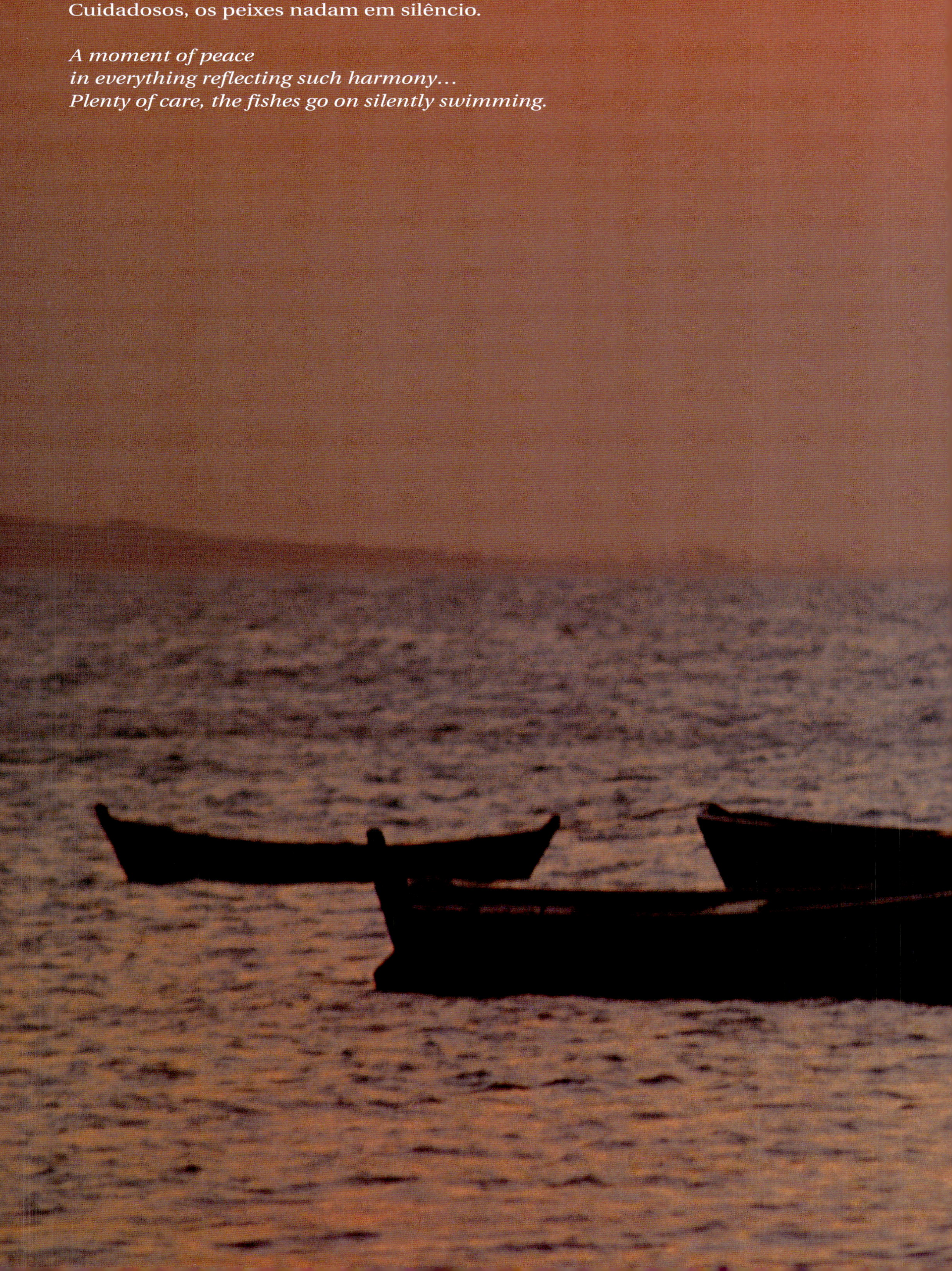

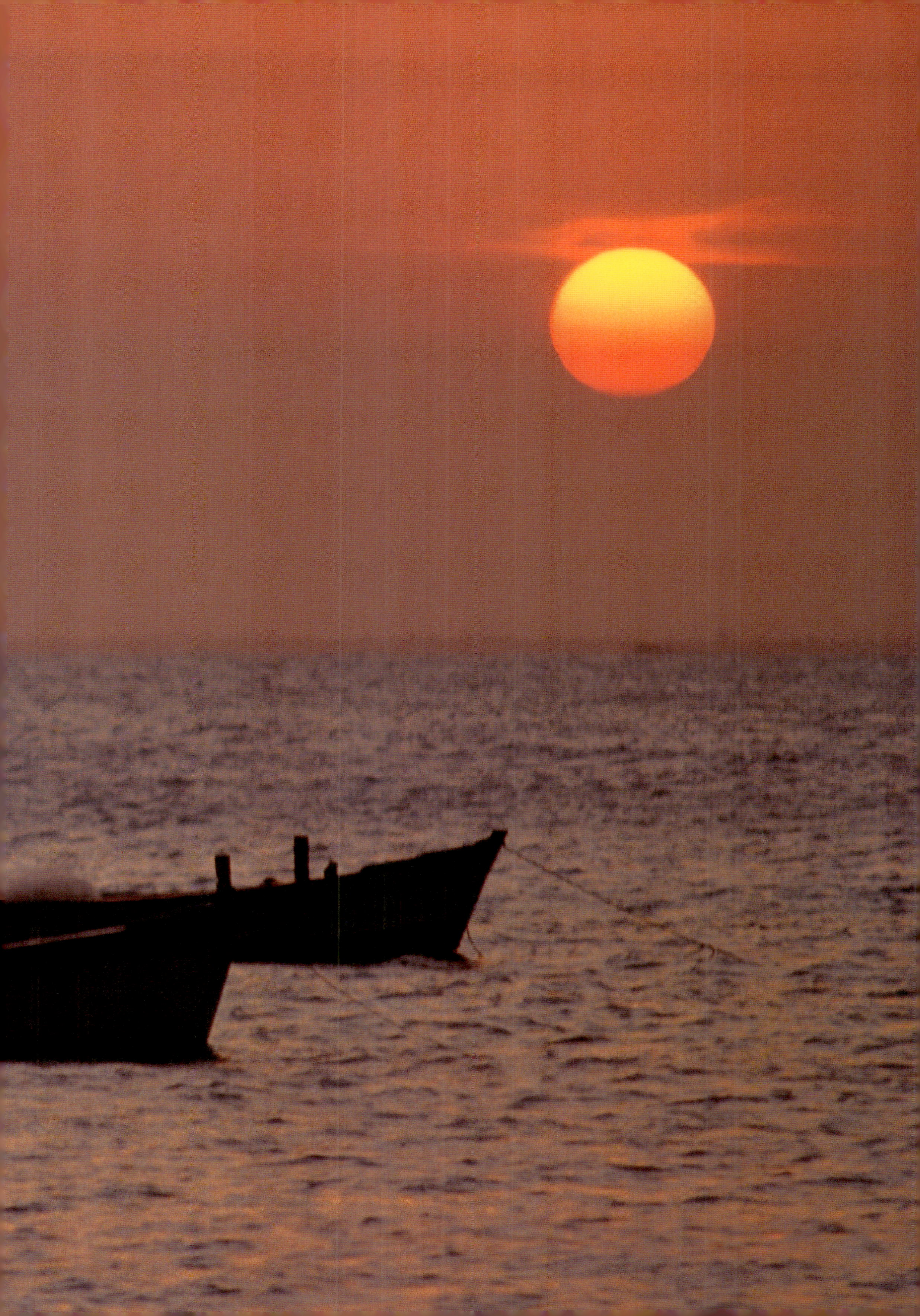

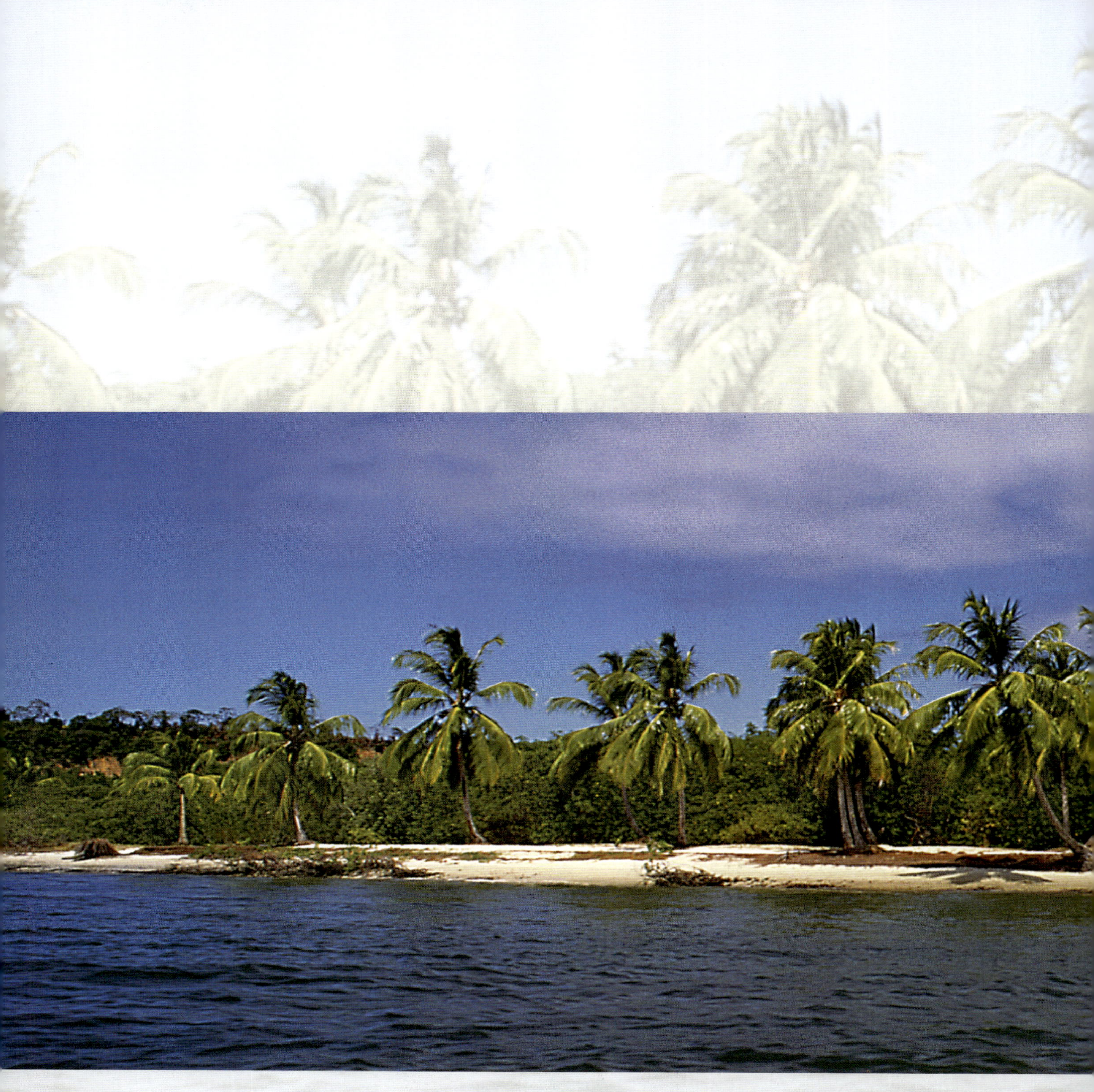

O encanto grandioso se forma
na devida divisa de diferentes formas de vida.

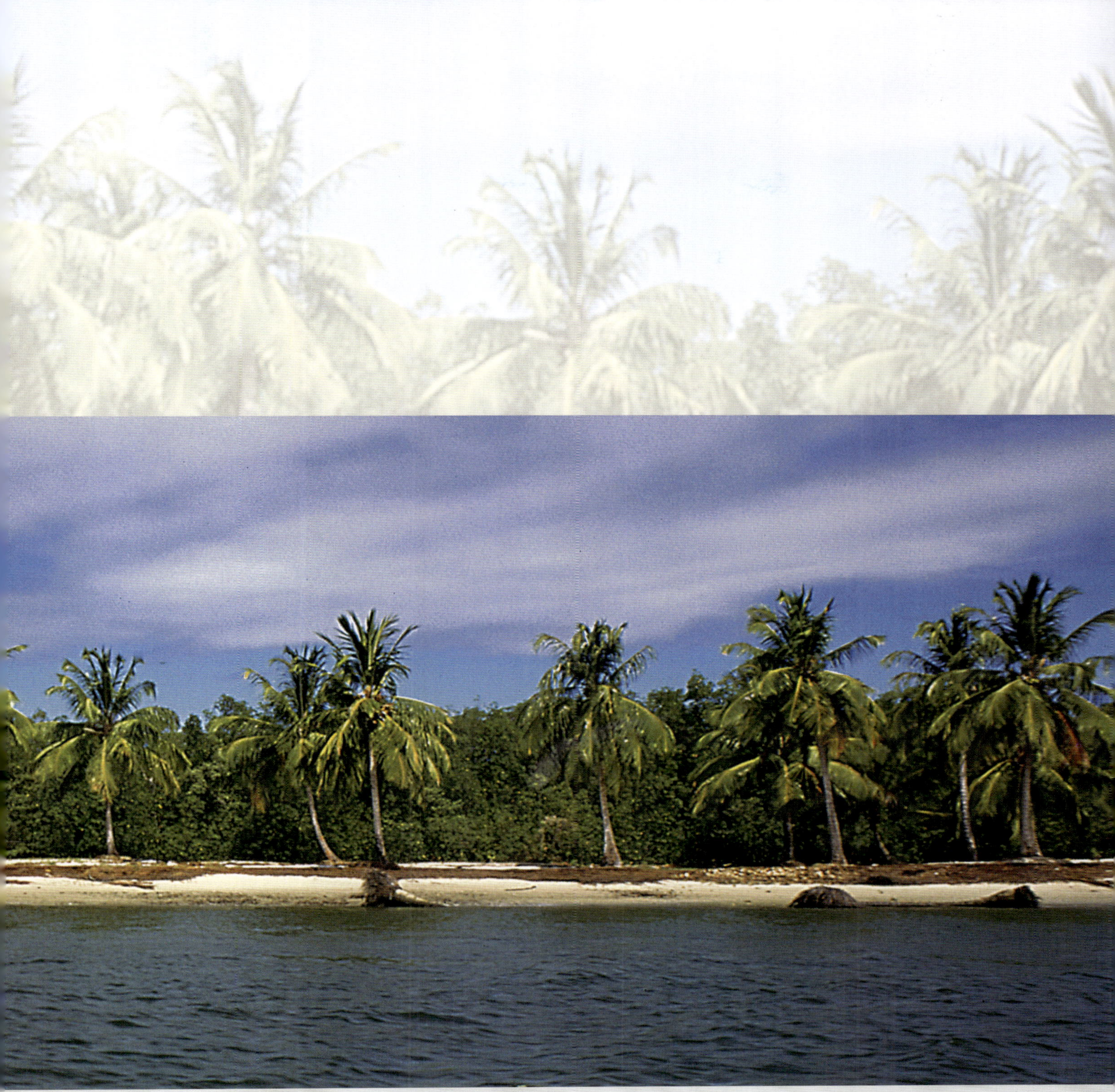

The grandiose enchantment is composed by the fine line of different forms of life.

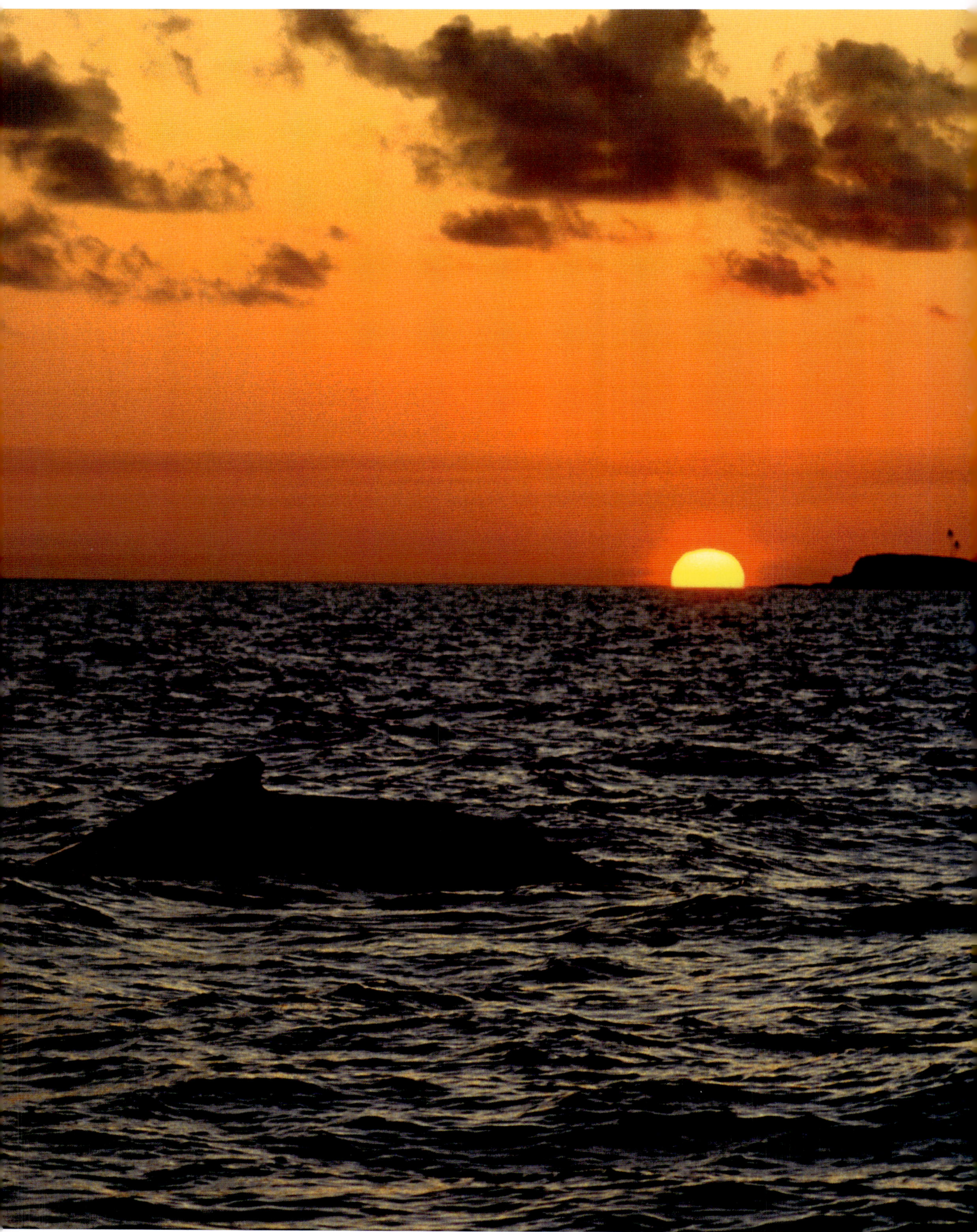

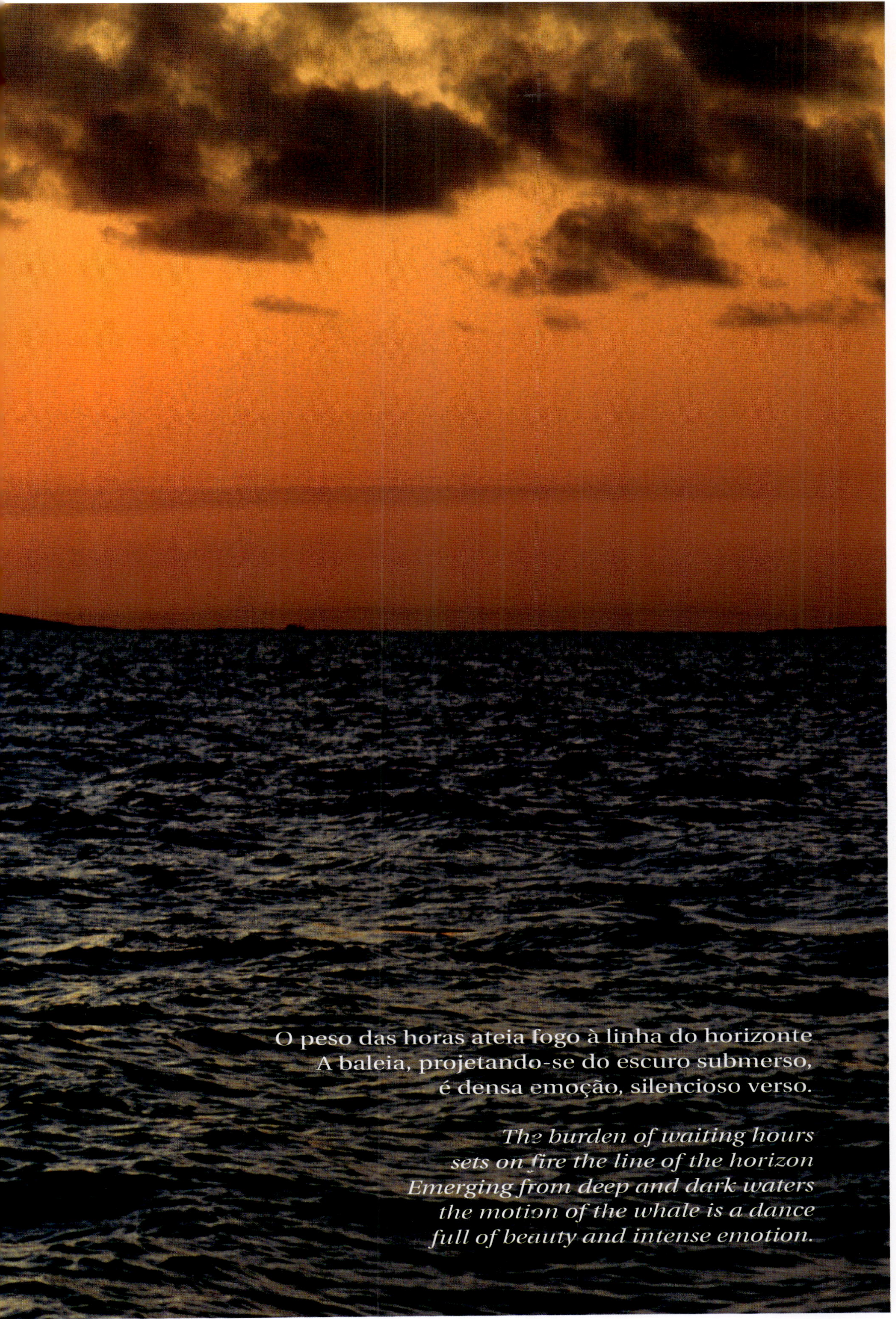

O peso das horas ateia fogo à linha do horizonte
A baleia, projetando-se do escuro submerso,
é densa emoção, silencioso verso.

The burden of waiting hours
sets on fire the line of the horizon
Emerging from deep and dark waters
the motion of the whale is a dance
full of beauty and intense emotion.

Tristeza seria ter somente concreto e aço...
Mas contemplar o verde
revigora o olhar, dispersa o cansaço.

It would be so sad if all were concrete and steel...
But hope can still be recovered
when green is found all around.

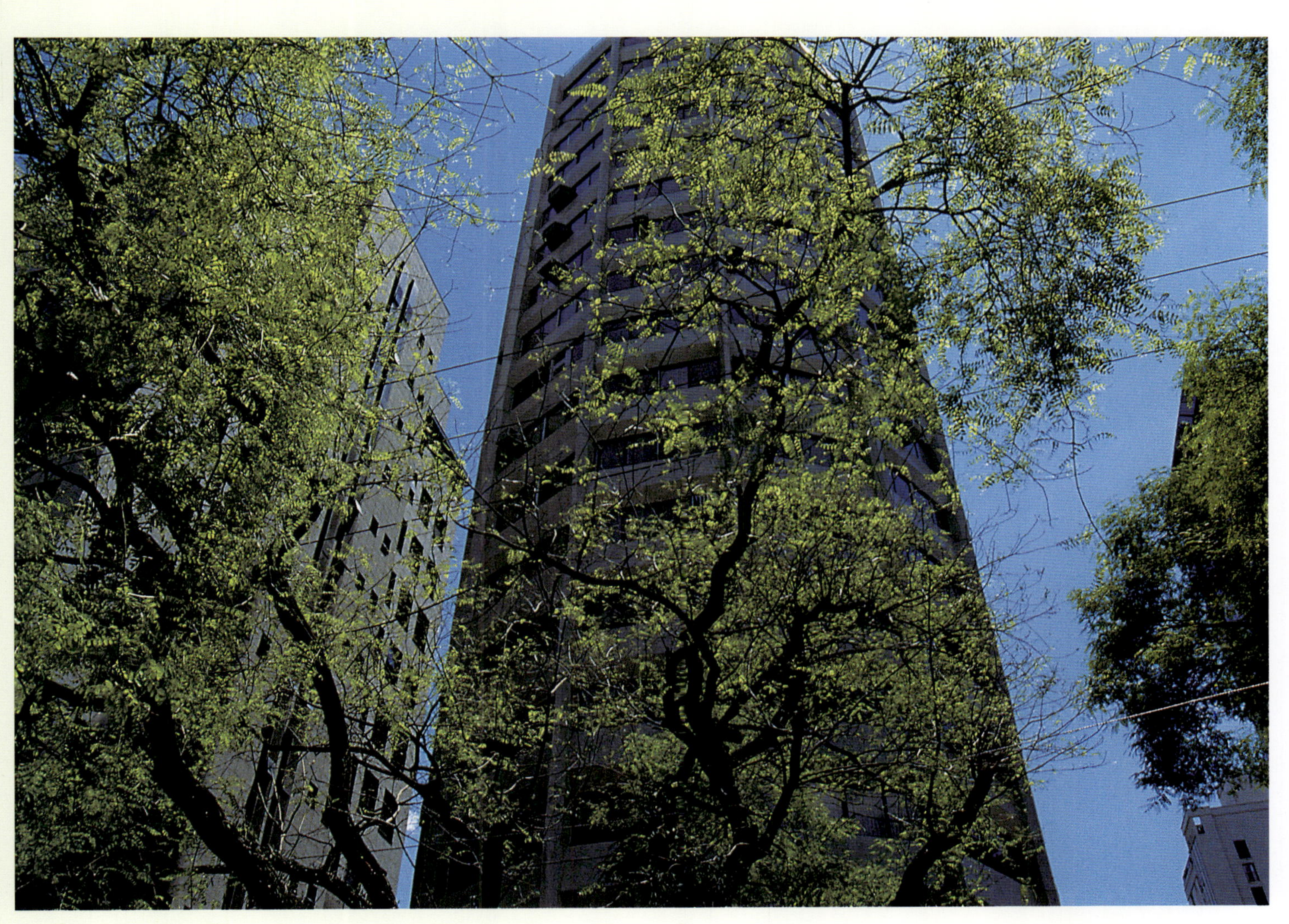

No escuro que a noite tece
até parece que a ave, imóvel,
aos céus ergue uma prece.

Time weaves the night with darkness
and so steals the shine of the scenery...
Nevertheless the still bird finds itself
having time to raise a prayer to heaven.

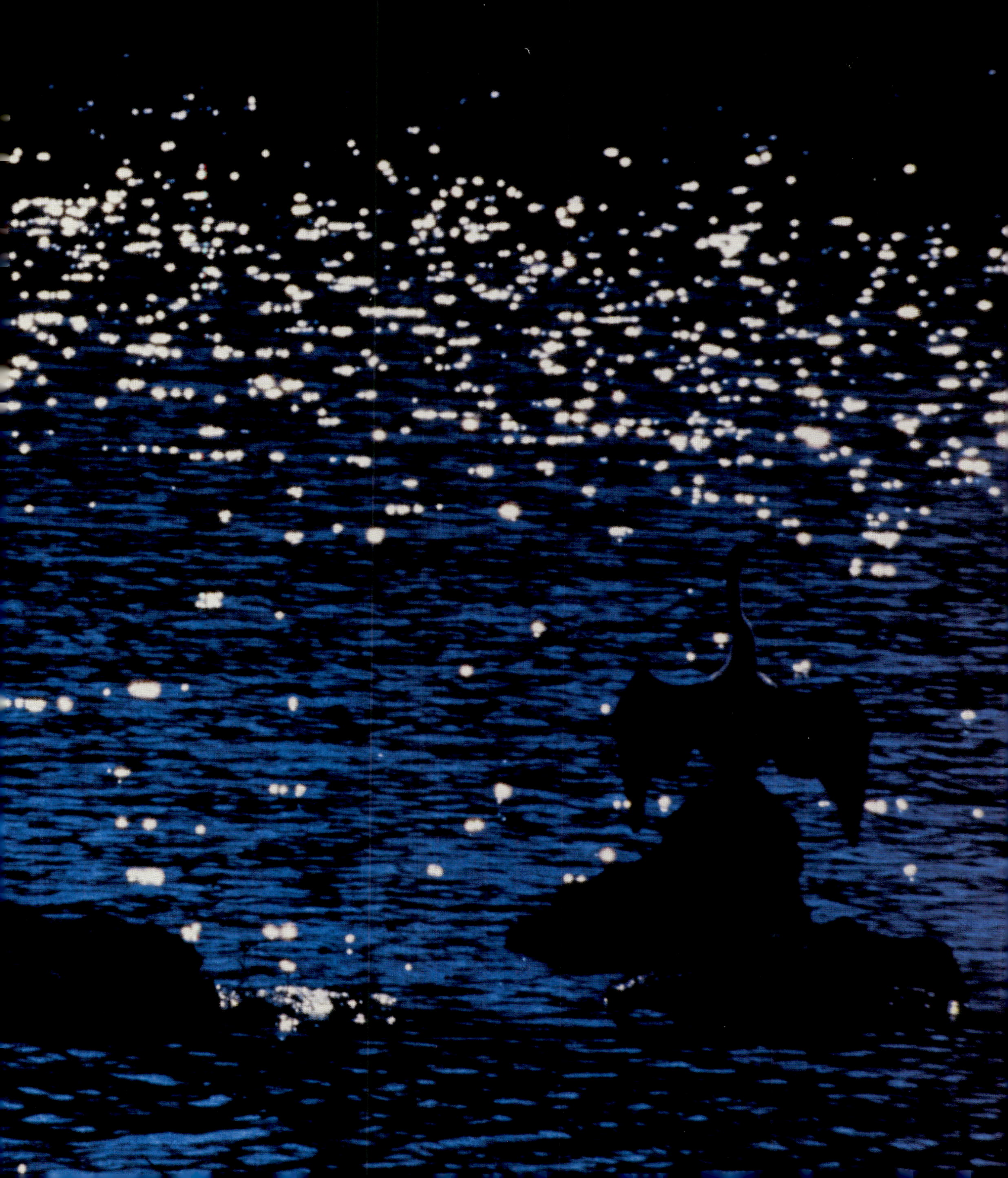

Verde em leve agito ao sabor do vento
Flor, branca chama chamando chuva
que, quando vem, apenas eleva o jardim.

Round and green leaves waving tenderly in the wind
The flower is a white flame waiting for rain
Once it comes, higher the garden becomes.

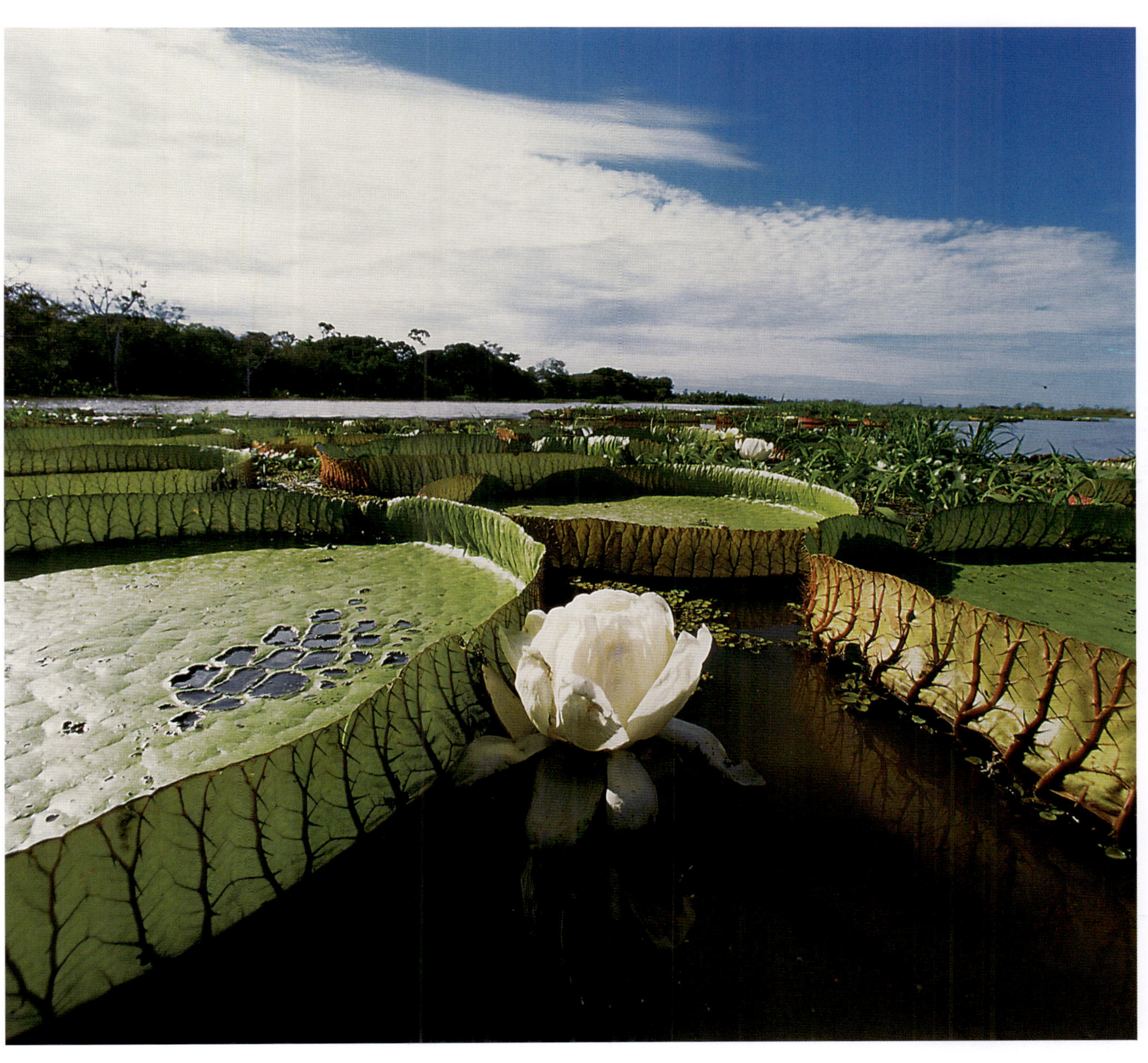

O tempo cria fendas, retalha a História...
Ávidas calhas ficam a antever oferendas,
segredos que a chuva, nos telhados,
fará escorrer.

The cracks of time rends History...
Centenary gutters foresee offers and secrets
that the rain, on the roofs, will let flow.

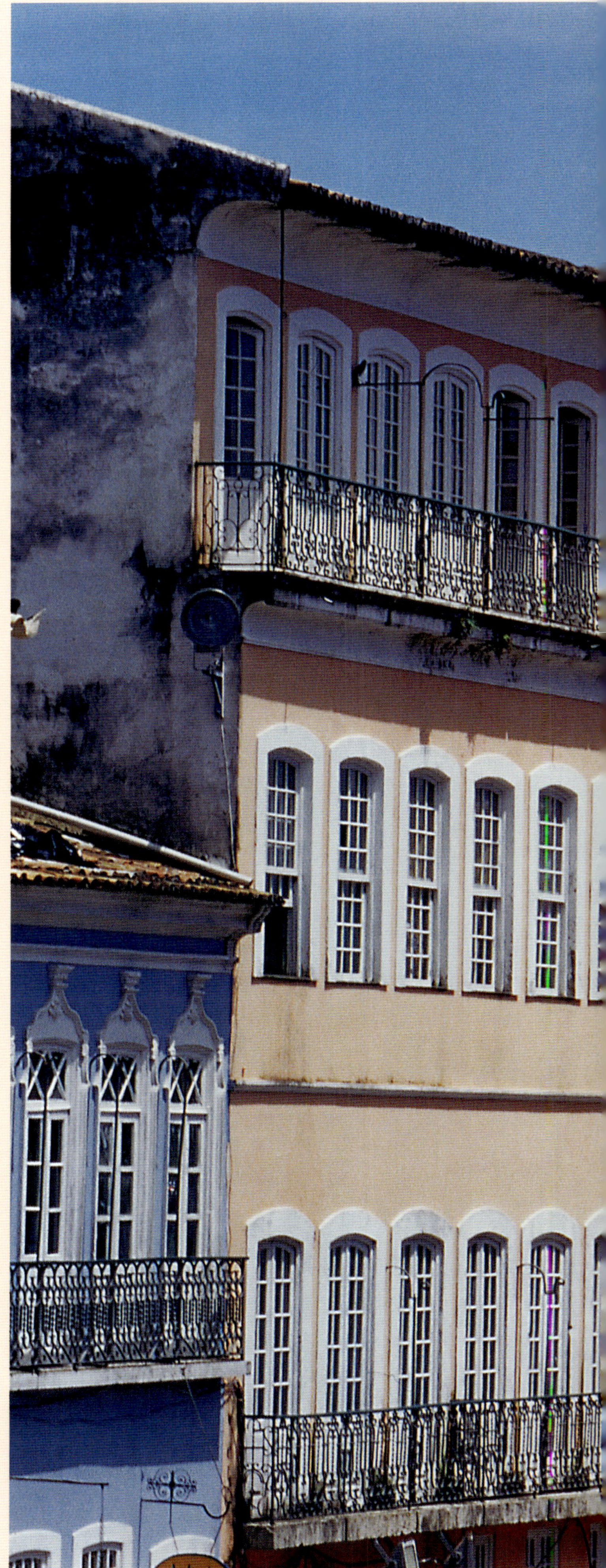

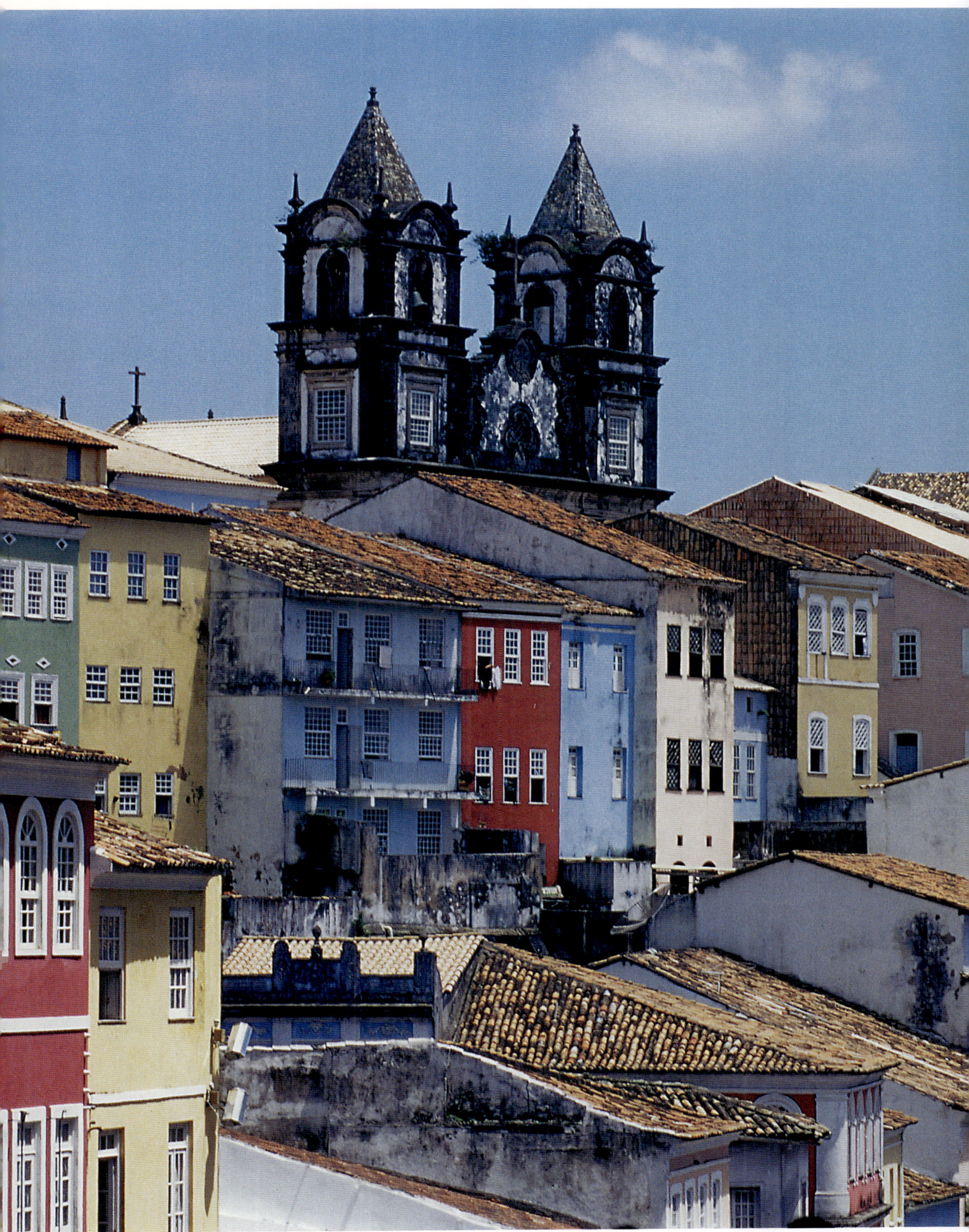

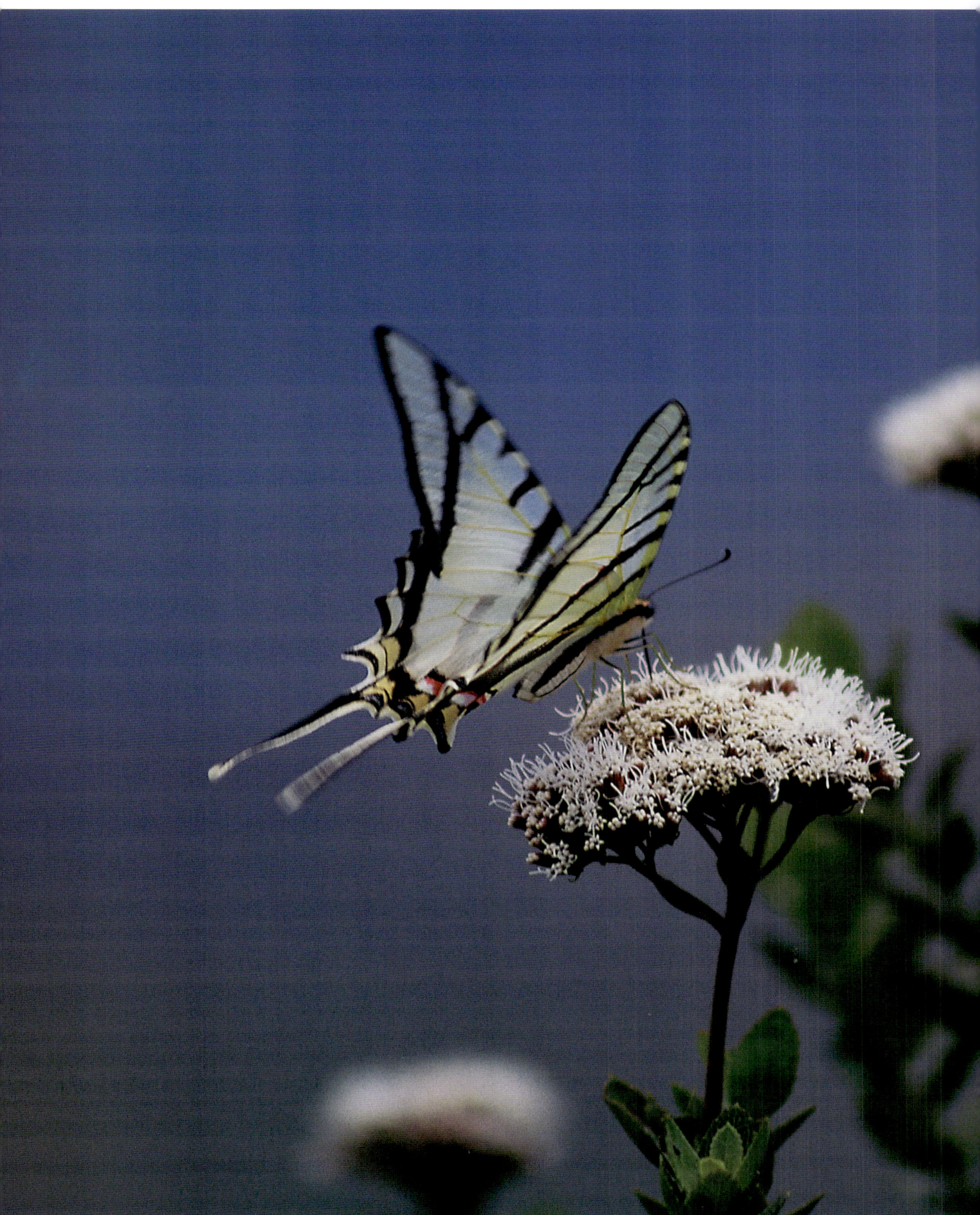

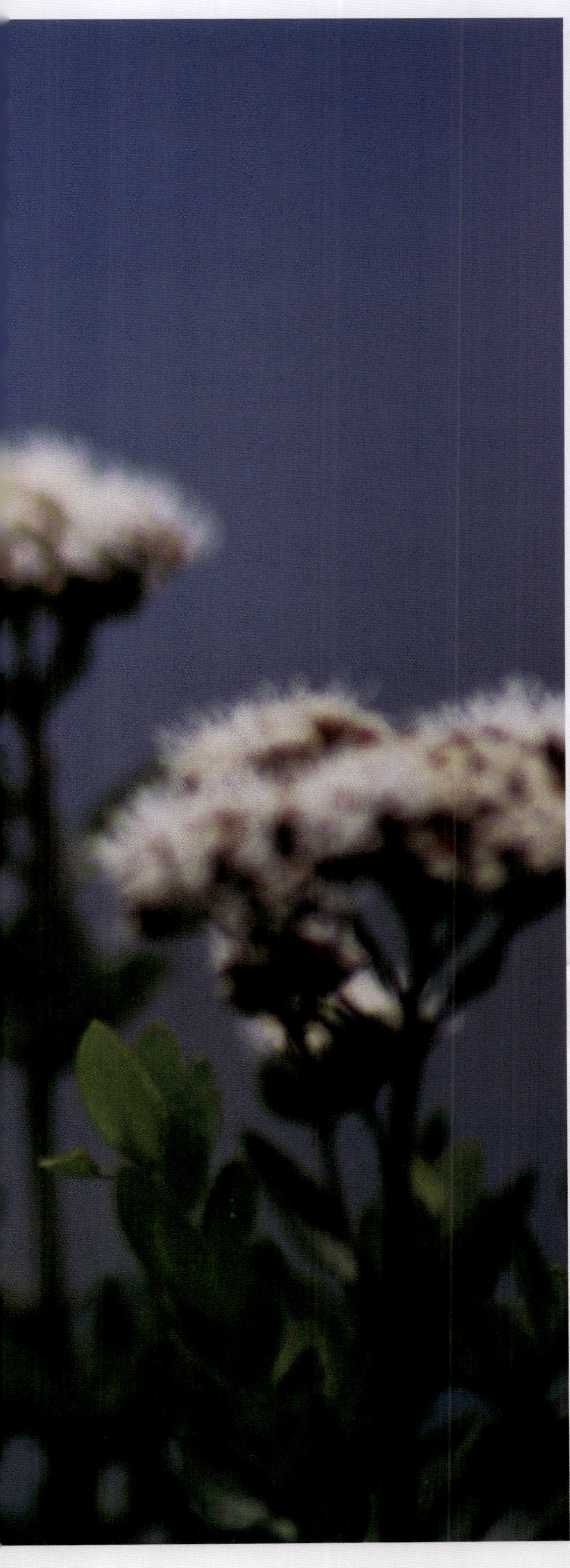

De vida efêmera, na devida hora,
flor e borboleta tocam-se com leveza...
Em recíproco adorno,
certeza de continuação.

Not caring about the ephemeral life
flower and butterfly, with amazing lightness,
become the adornment of each other.

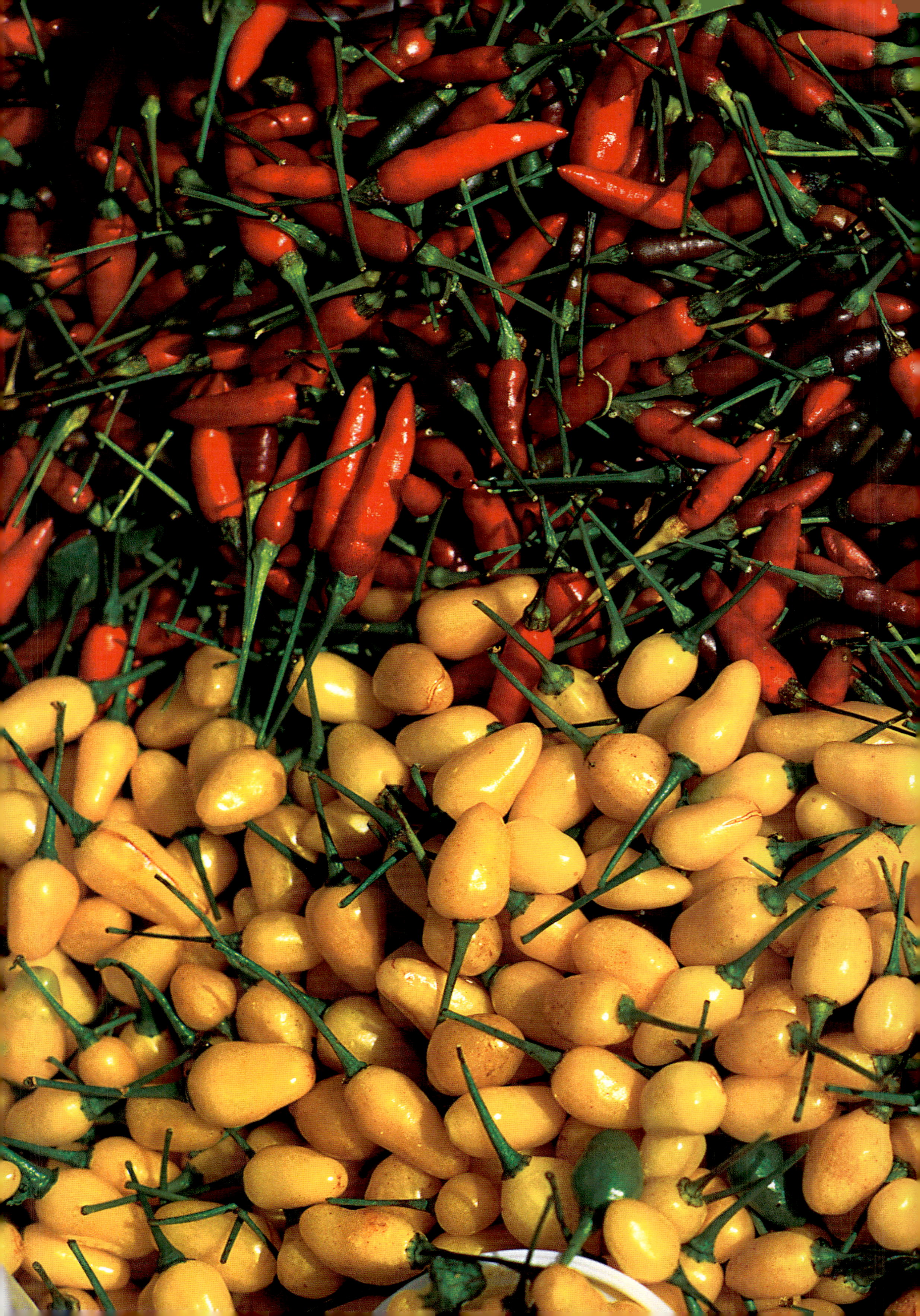

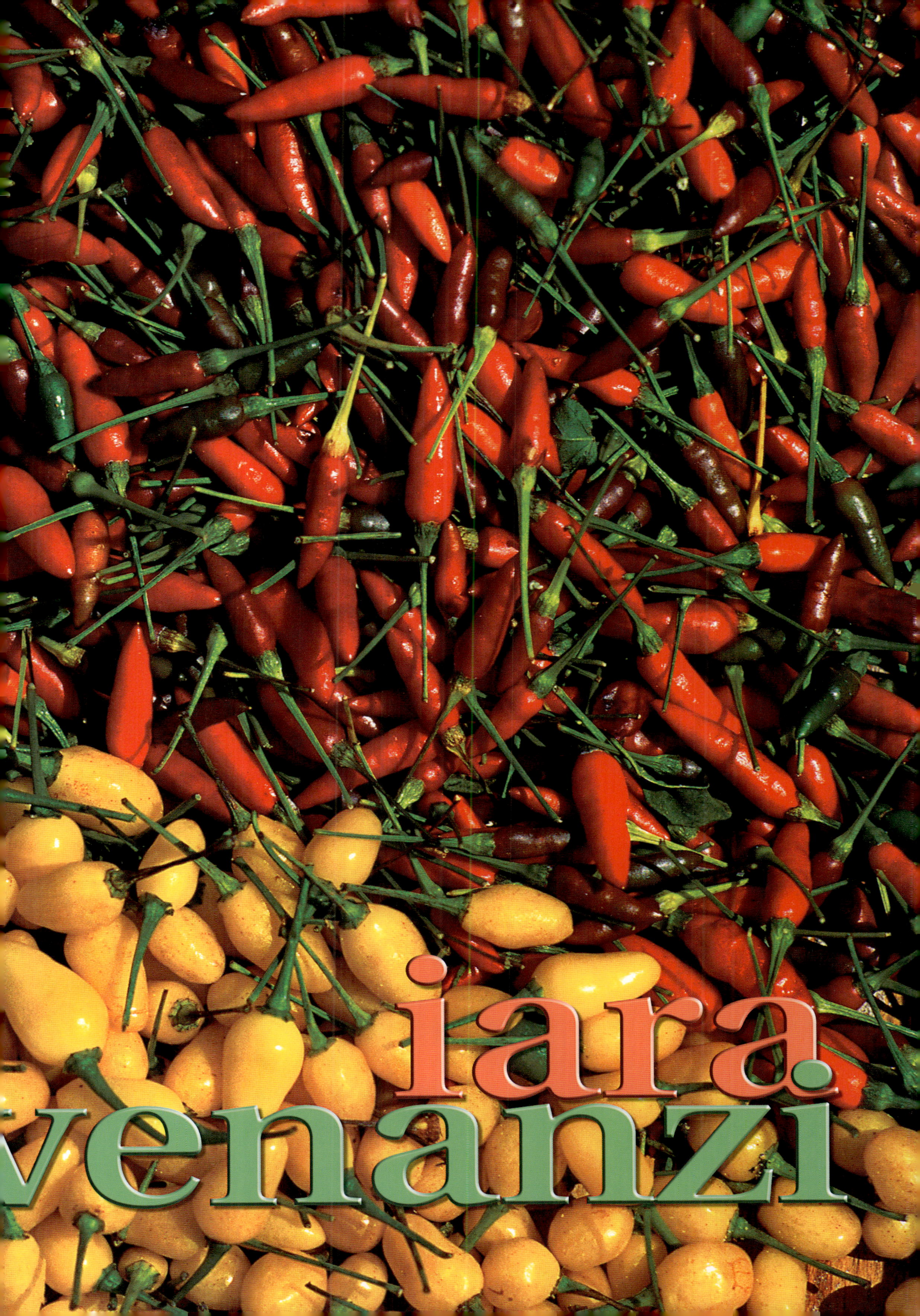
iara
venanzi

Içar âncoras, soltar amarras e do porto partir...
Quiçá fingindo ser rubra e liberta libélula,
cingindo o azul de outros mares.

To raise all anchors
Unfasten the cables and leave the harbour...
Maybe pretending to be a red and free dragonfly
flying and surrounding the blue waters of another sea.

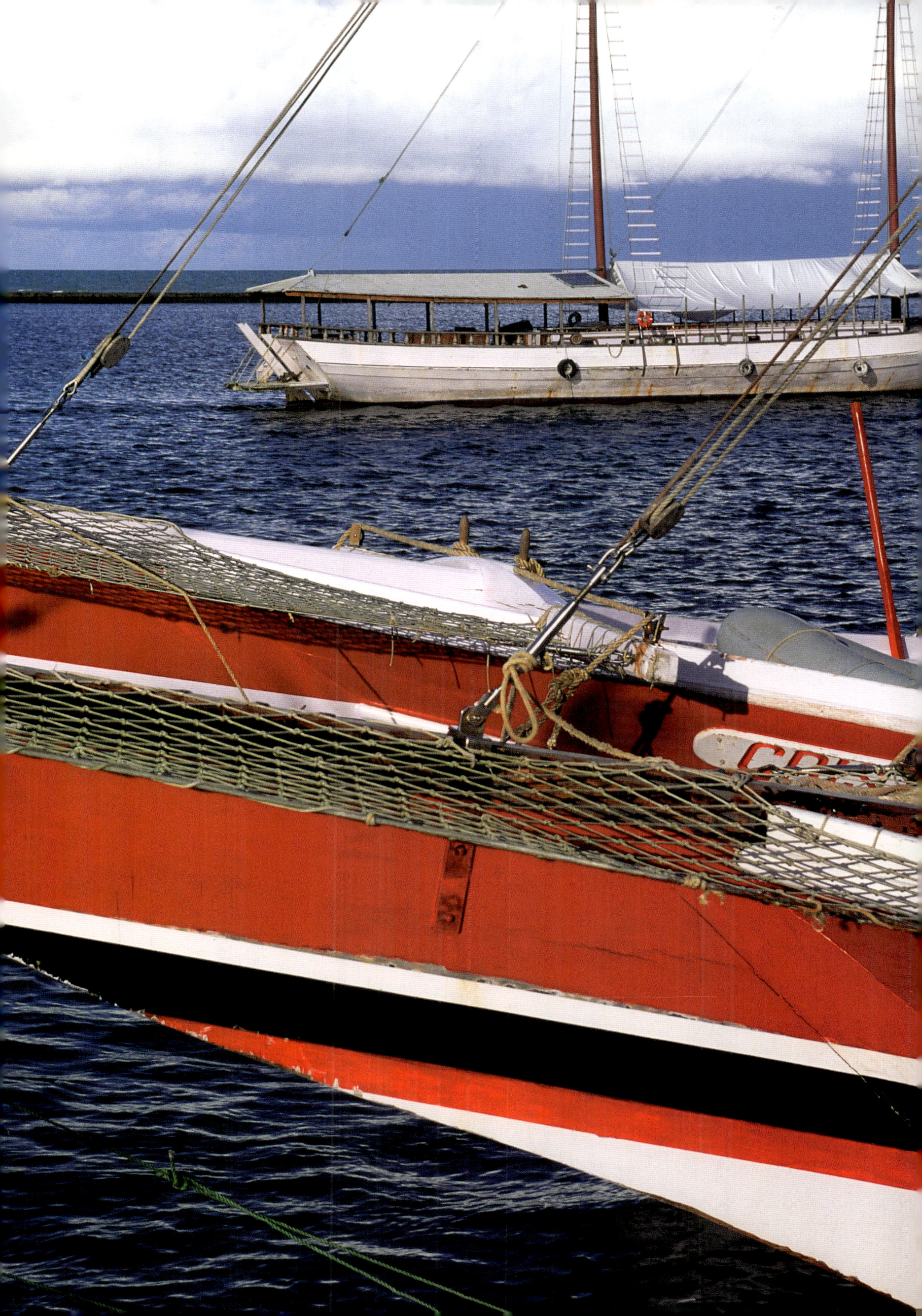

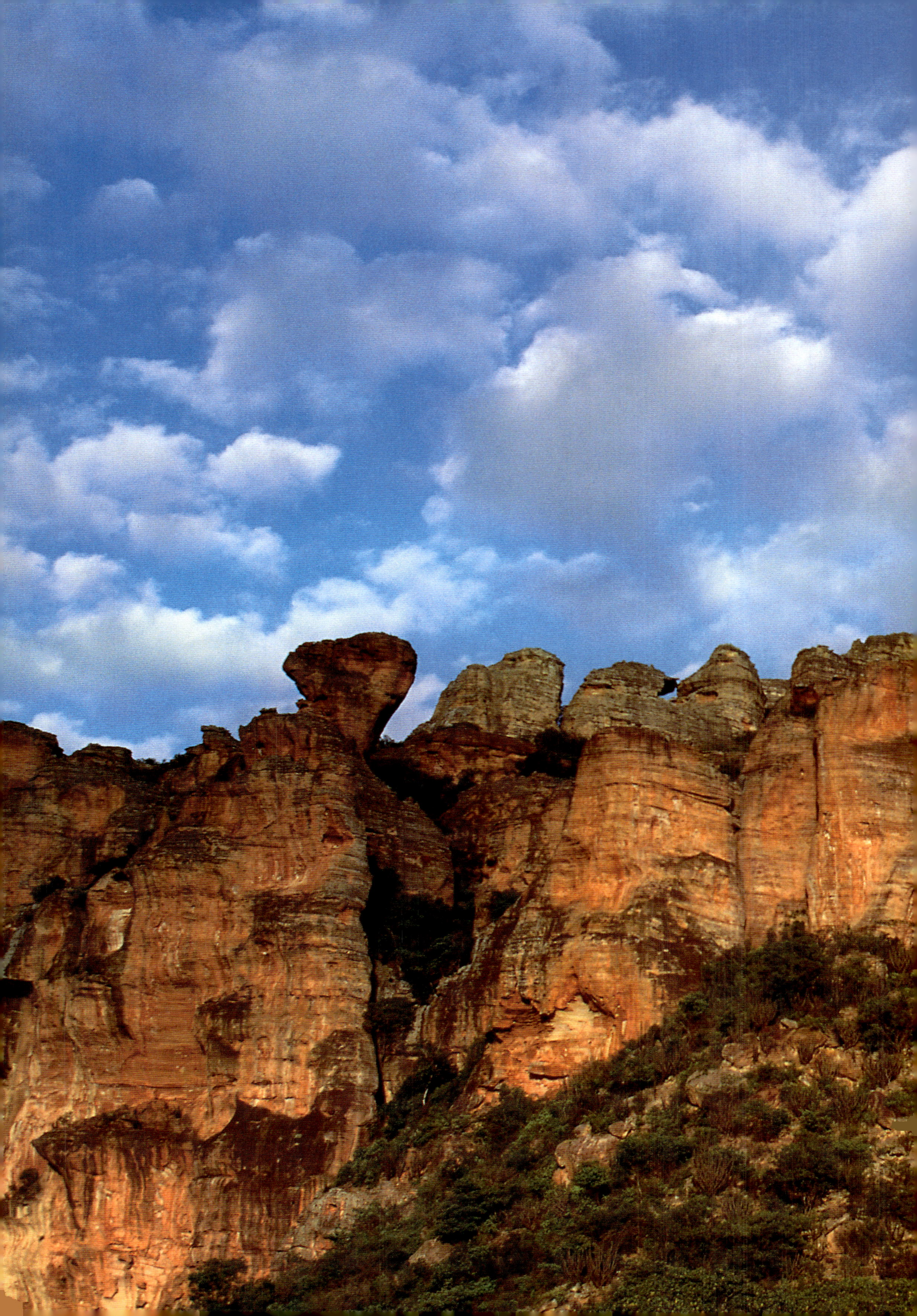

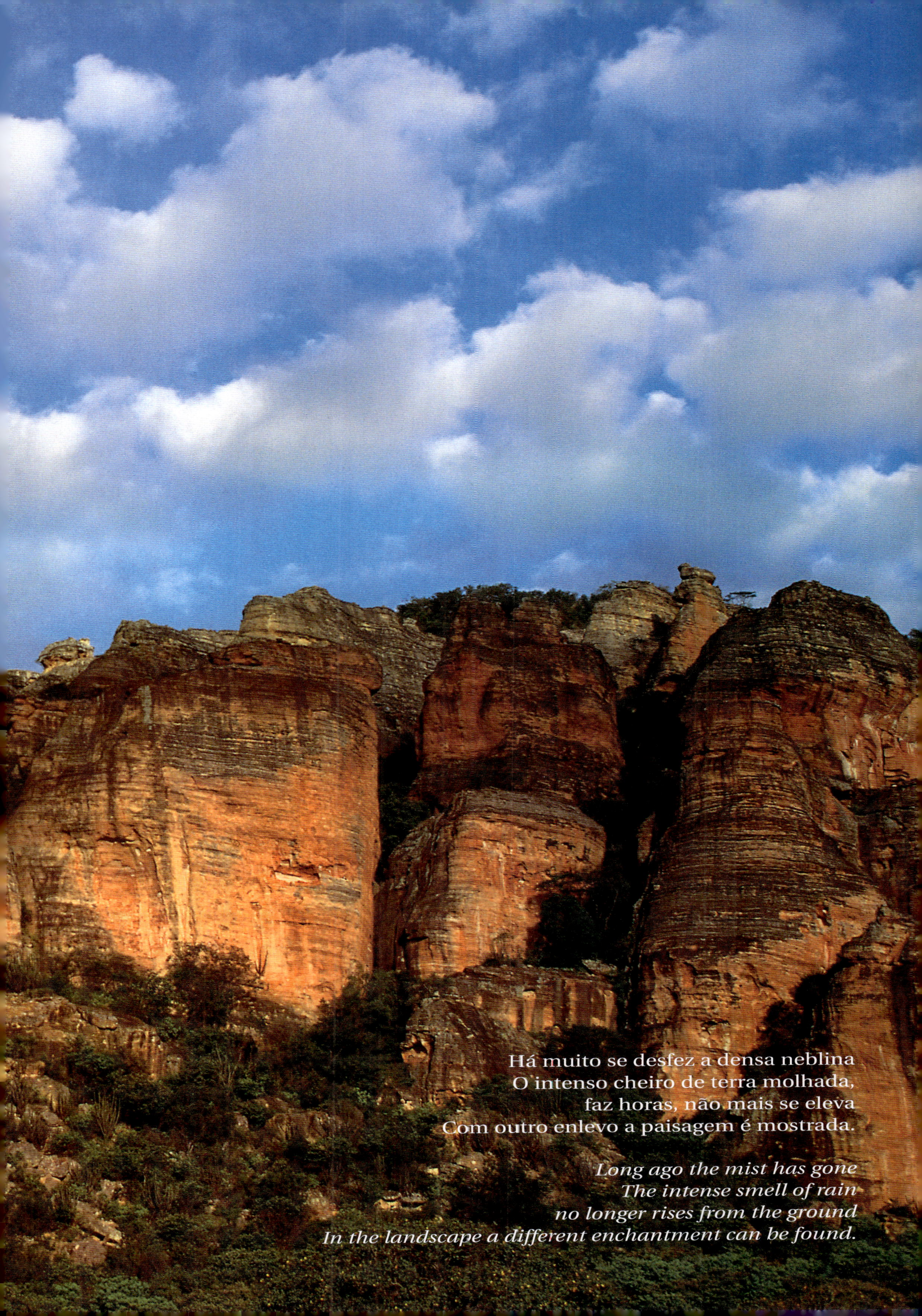
Há muito se desfez a densa neblina
O intenso cheiro de terra molhada,
faz horas, não mais se eleva
Com outro enlevo a paisagem é mostrada.

*Long ago the mist has gone
The intense smell of rain
no longer rises from the ground
In the landscape a different enchantment can be found.*

Sem nunca ter visto a tal cidade grande,
o menino vê a fita do tempo rodar...
Belo filme da vida.

Having never seen or been to the big city,
the young lad sees the film of time rolling on...
Beautiful movie of life.

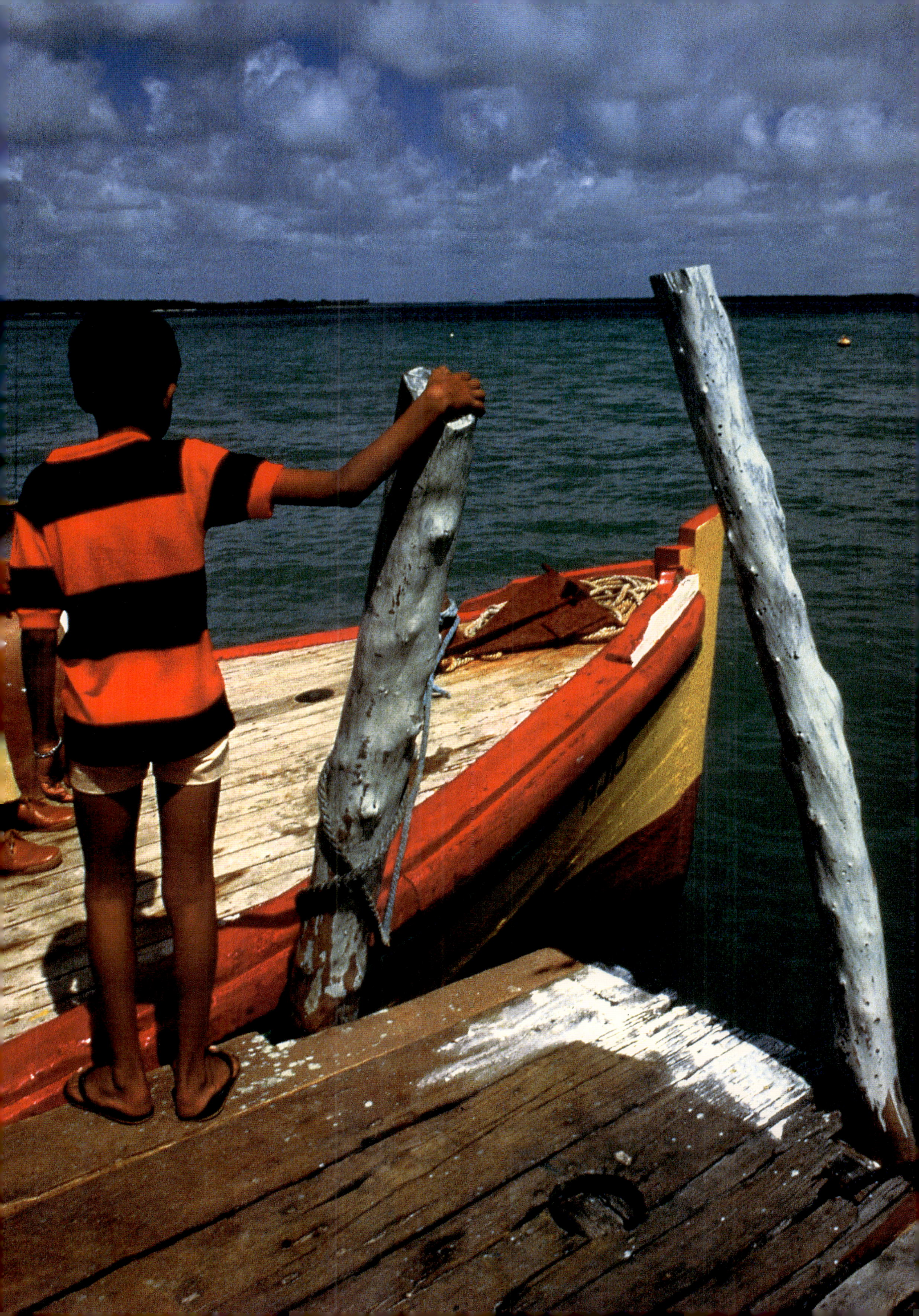

Flutua o sol sobre a linha do horizonte
Sem pressa recolhe-se a linha de pesca
Suavidade e calma de tudo emana
E na palma da mão, além das linhas do destino,
equilibra-se com leveza o menino.

The sun sinks into the horizon
Aligned fishing nets are drawn from the water
The sensation of calm comes from all around
And on the woman's palm, besides destiny's line,
a child stands with joy and lightness.

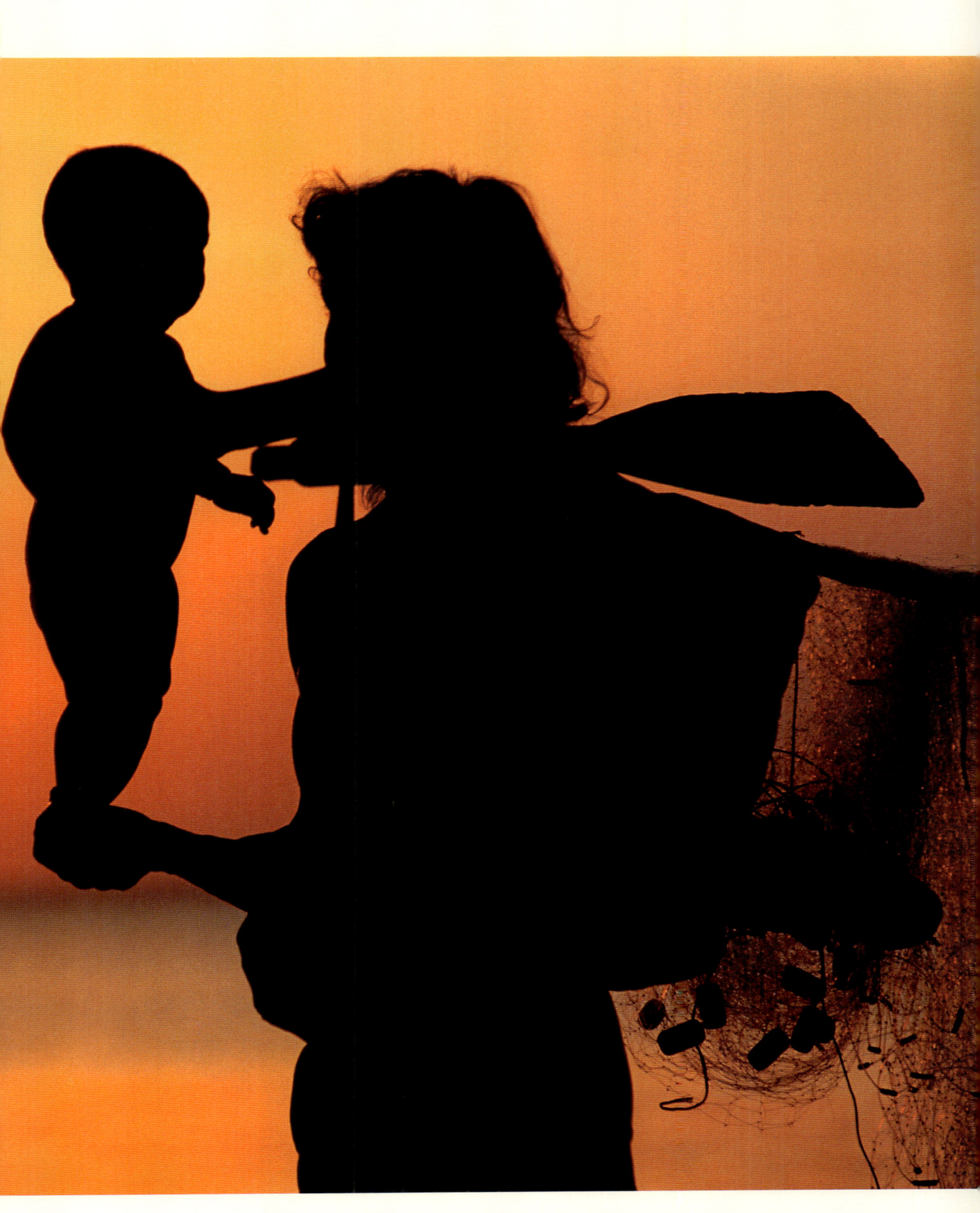

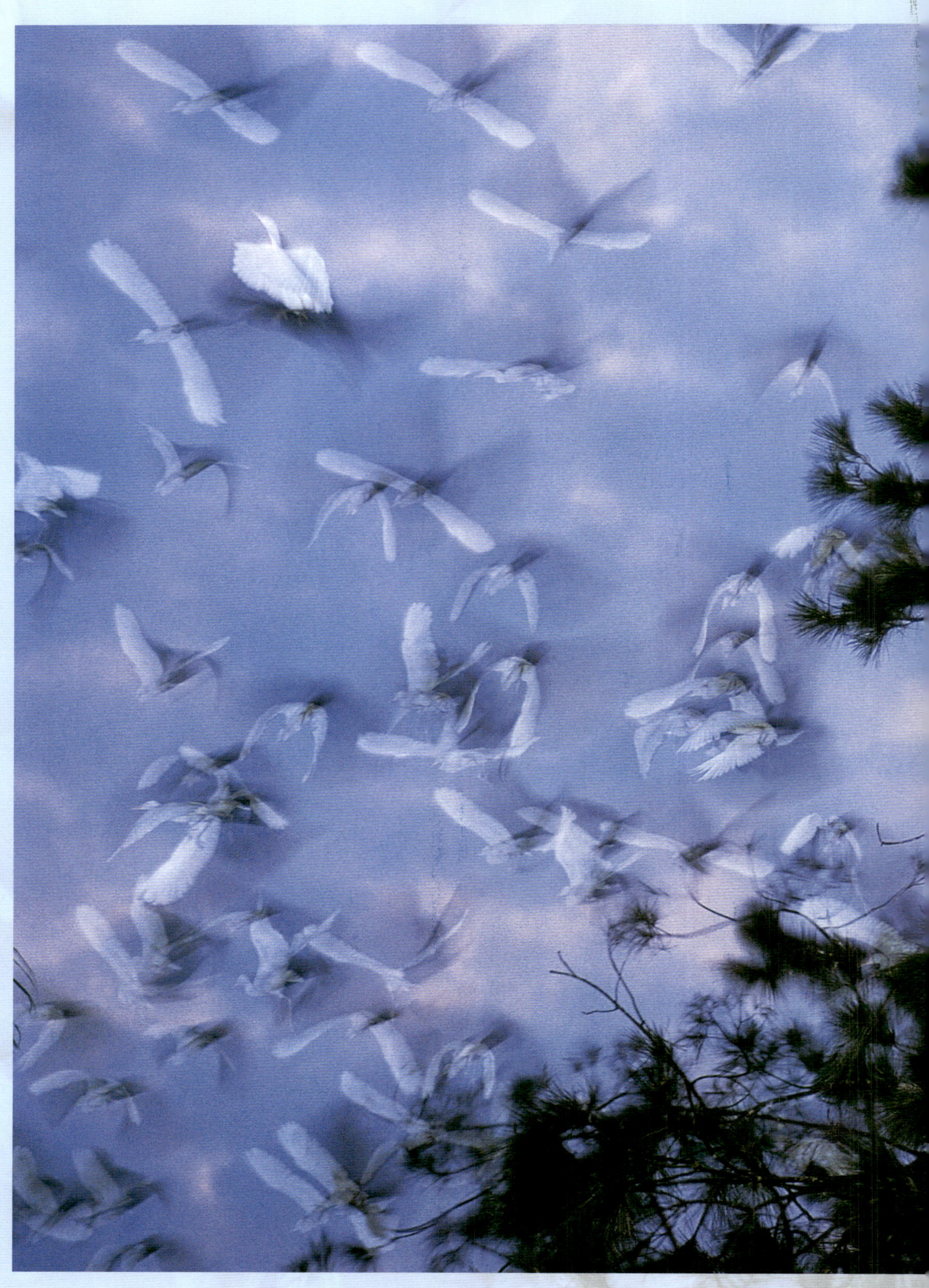

As nuvens carregam um suave tom de lilás
E na graça de brancas garças
também voa um quê de tristeza
que não se esquece jamais.

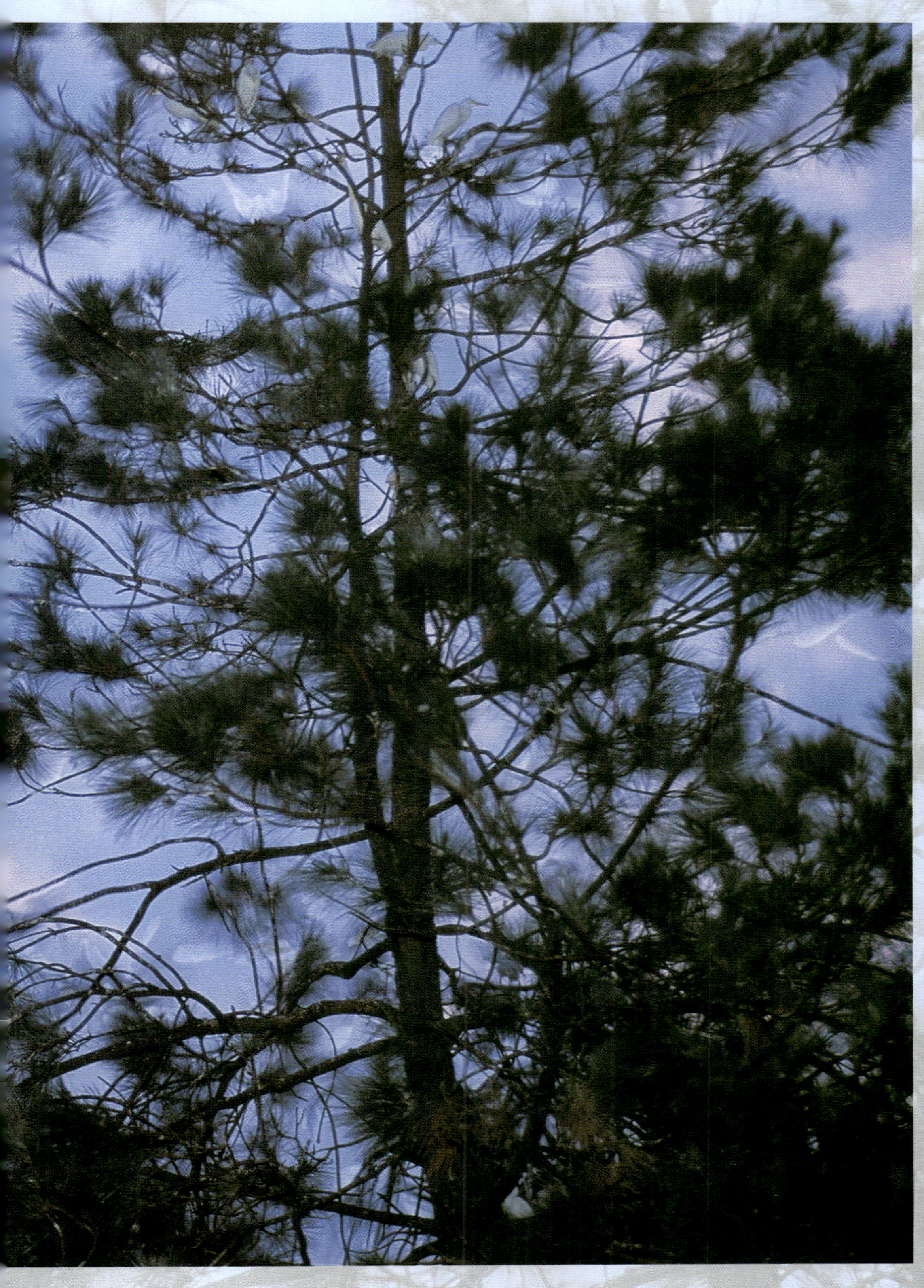

Clouds carrying the colour of lilac flowers
spread the sensation of smooth power
And the delight of white herons
is also a flight towards a certain sadness.

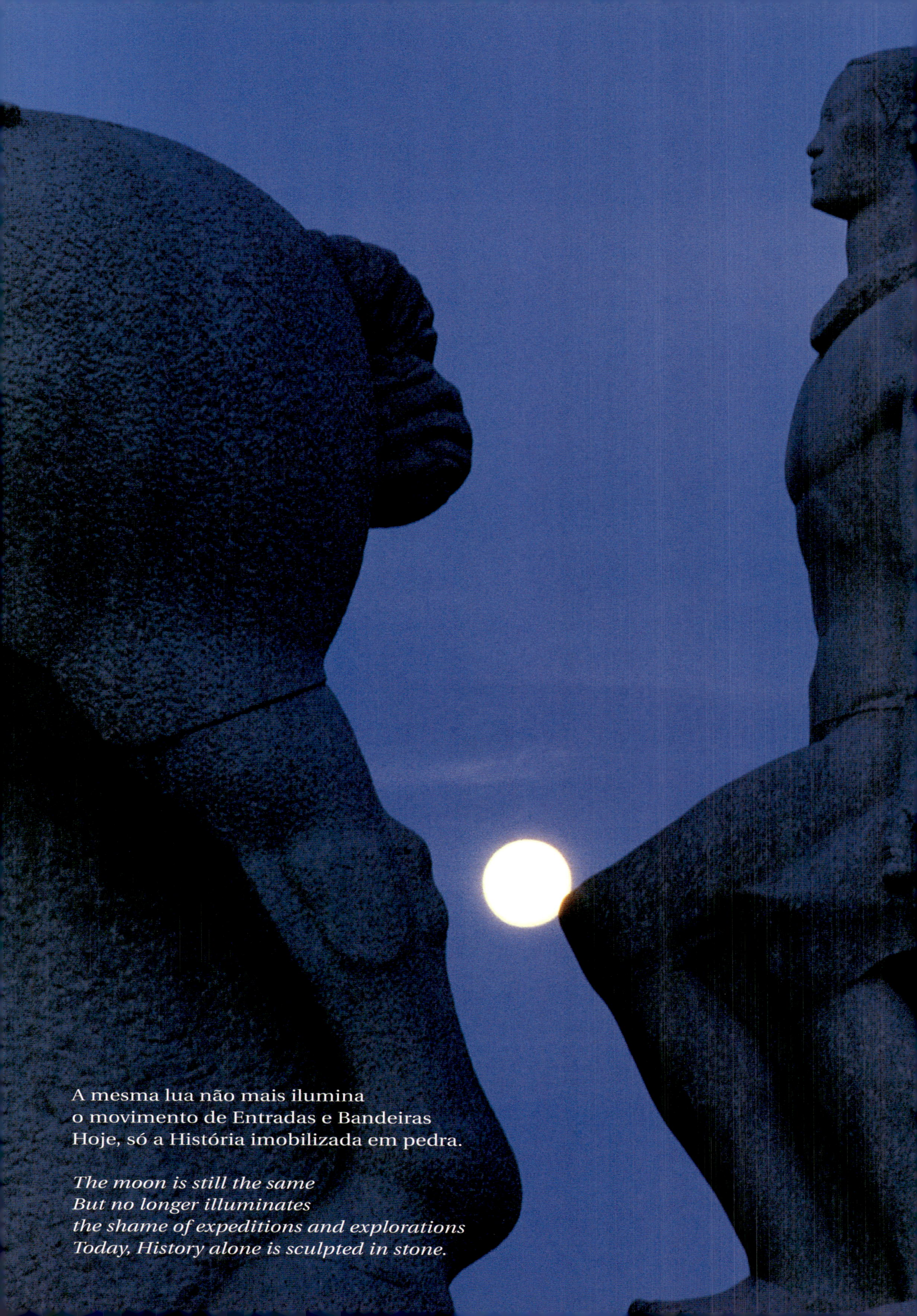

A mesma lua não mais ilumina
o movimento de Entradas e Bandeiras
Hoje, só a História imobilizada em pedra.

*The moon is still the same
But no longer illuminates
the shame of expeditions and explorations
Today, History alone is sculpted in stone.*

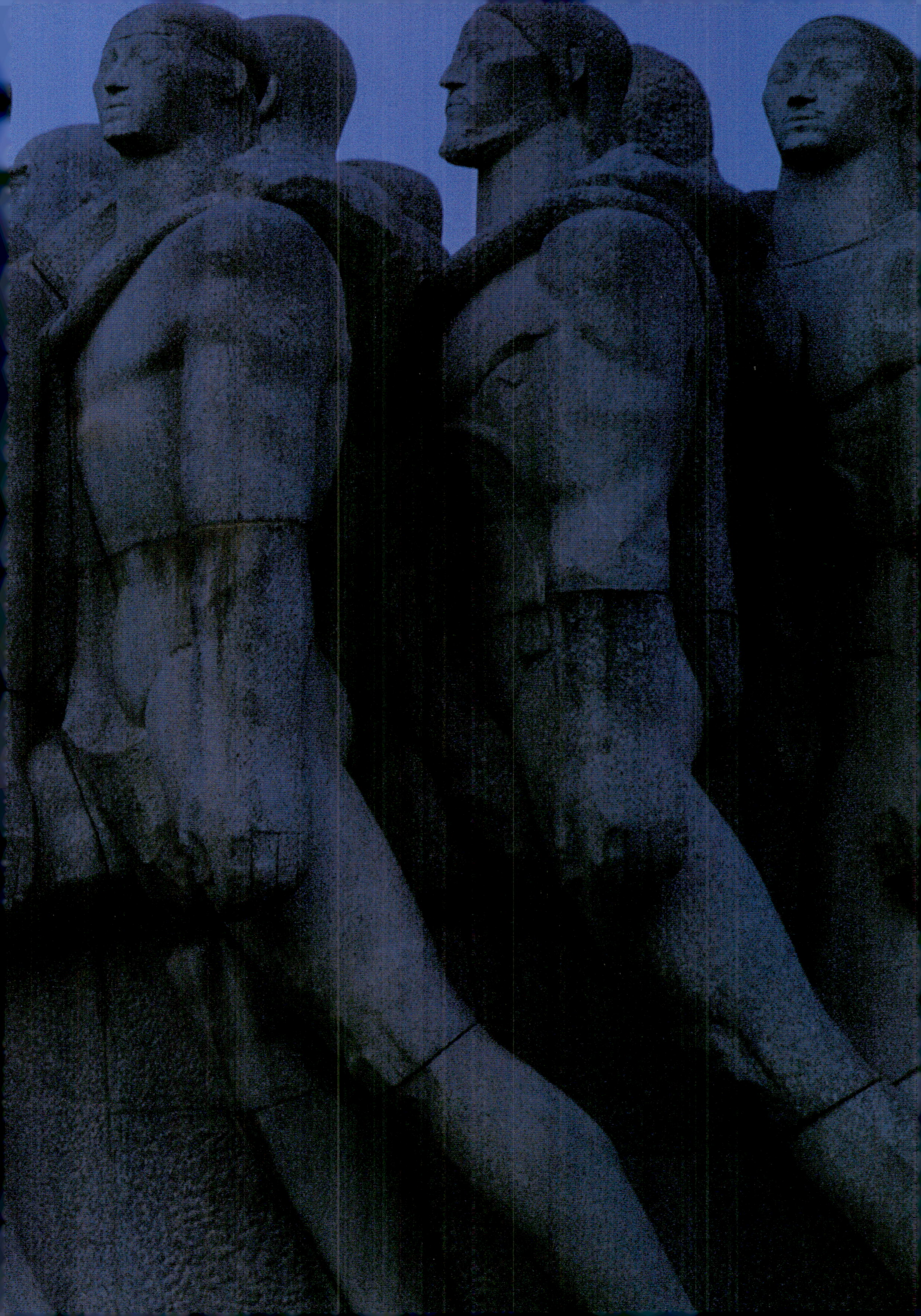

Ver e ser parte da paisagem
Partir levando uma terna e bonita saudade
de tudo o que ficou para trás...
Sentir que o destino não importa,
Se escancarada à vida sempre houver uma porta.

Seeing and being part of the scenery
depart already missing what will stay behind...
And like a blind strongly feel
that destiny matters no more
if open to life there is always a door.

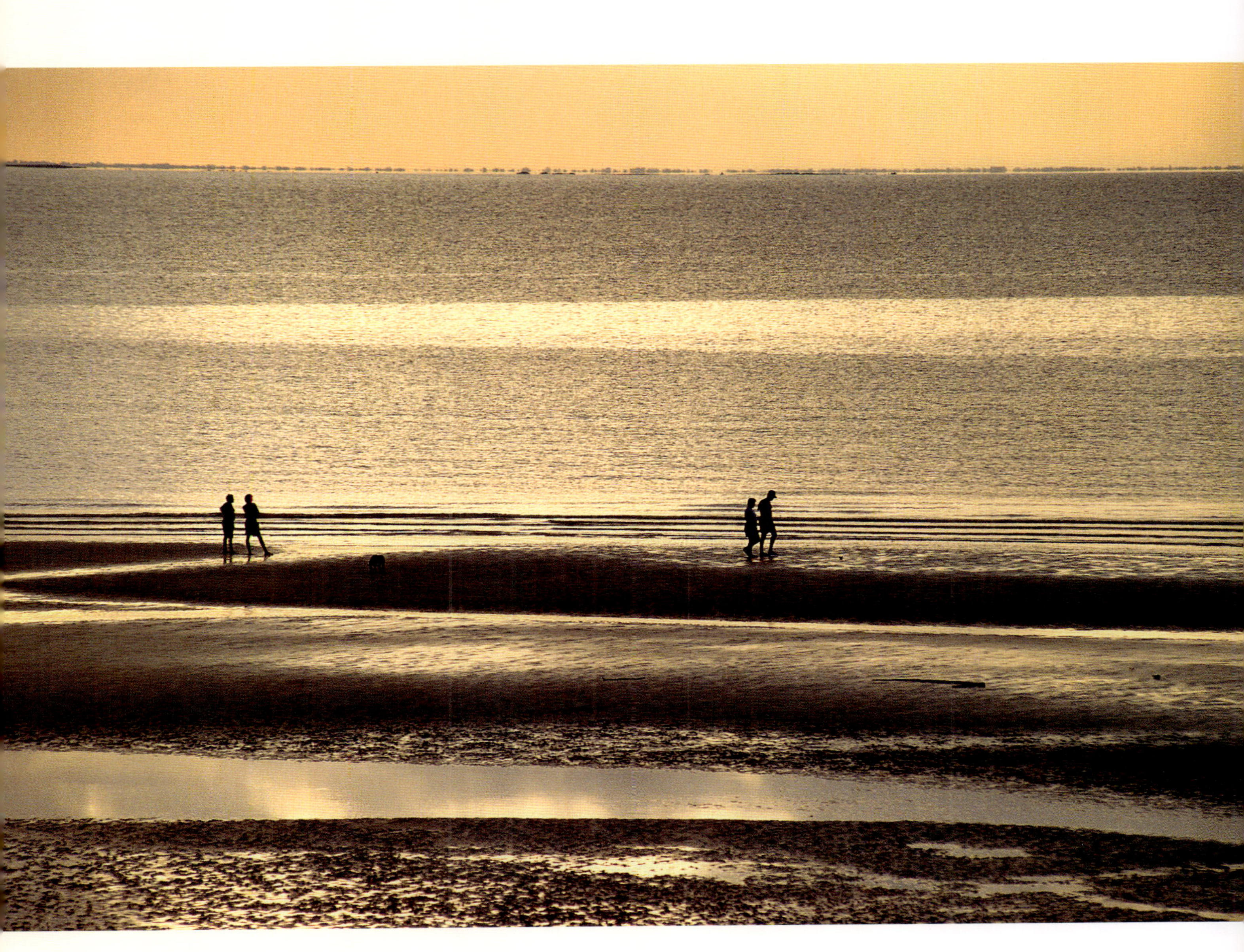

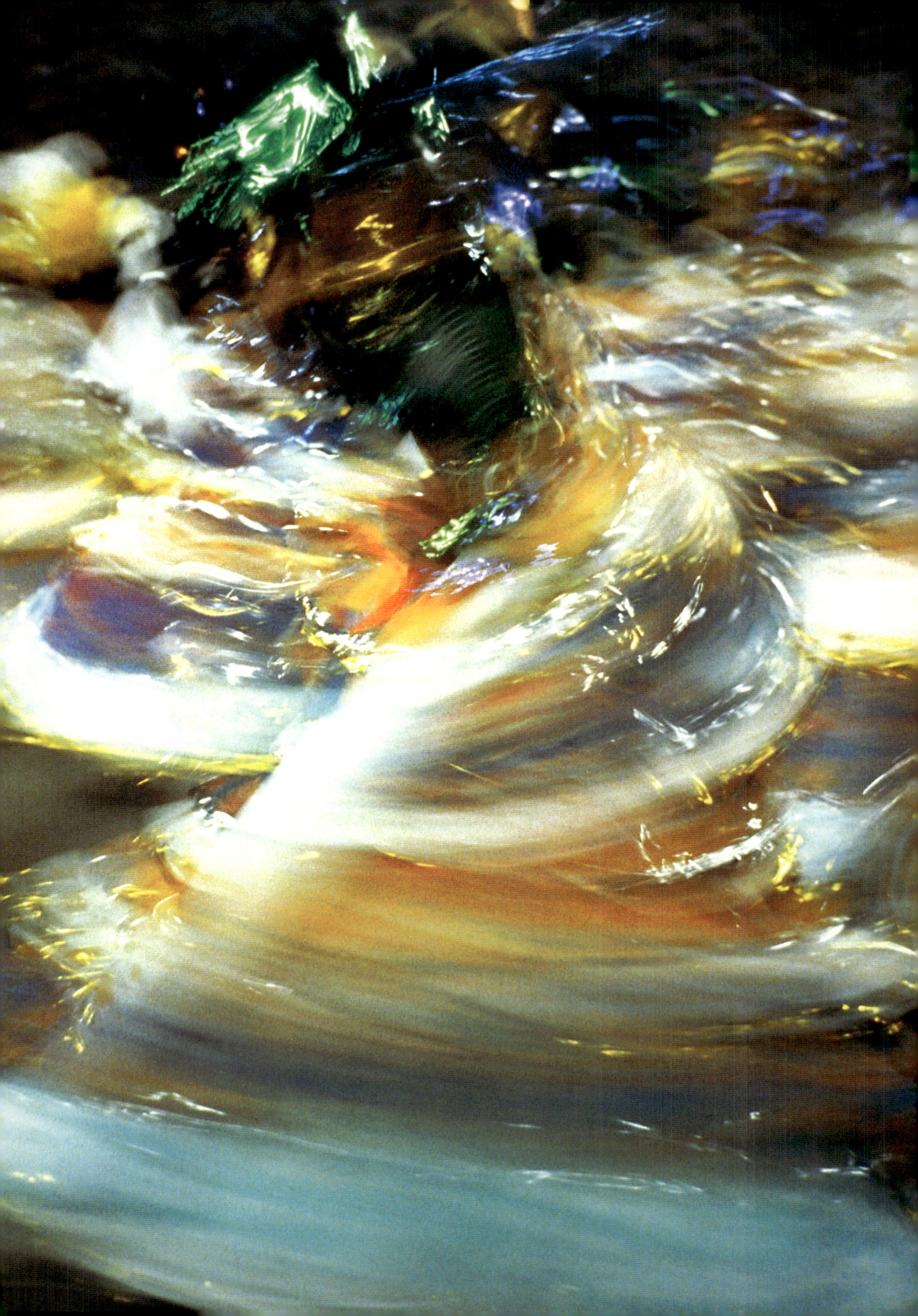

Com efeito de luz e cor,
o corpo inteiro se dilui
na alegria e esplendor do carnaval.

Under the effects of light and colours
the body dissolves itself
in the joy and splendor of carnival.

Na cidade repleta de surpresas,
a noite é represa de sonhos...
Sonhos velados por silenciosas sentinelas,
esculpidas com suaves sonhos de curvas e retas.

In the city full of surprises
night-time is a dam of dreams
closely watched by silent sentinels,
fine sculptures made of curves and straight lines.

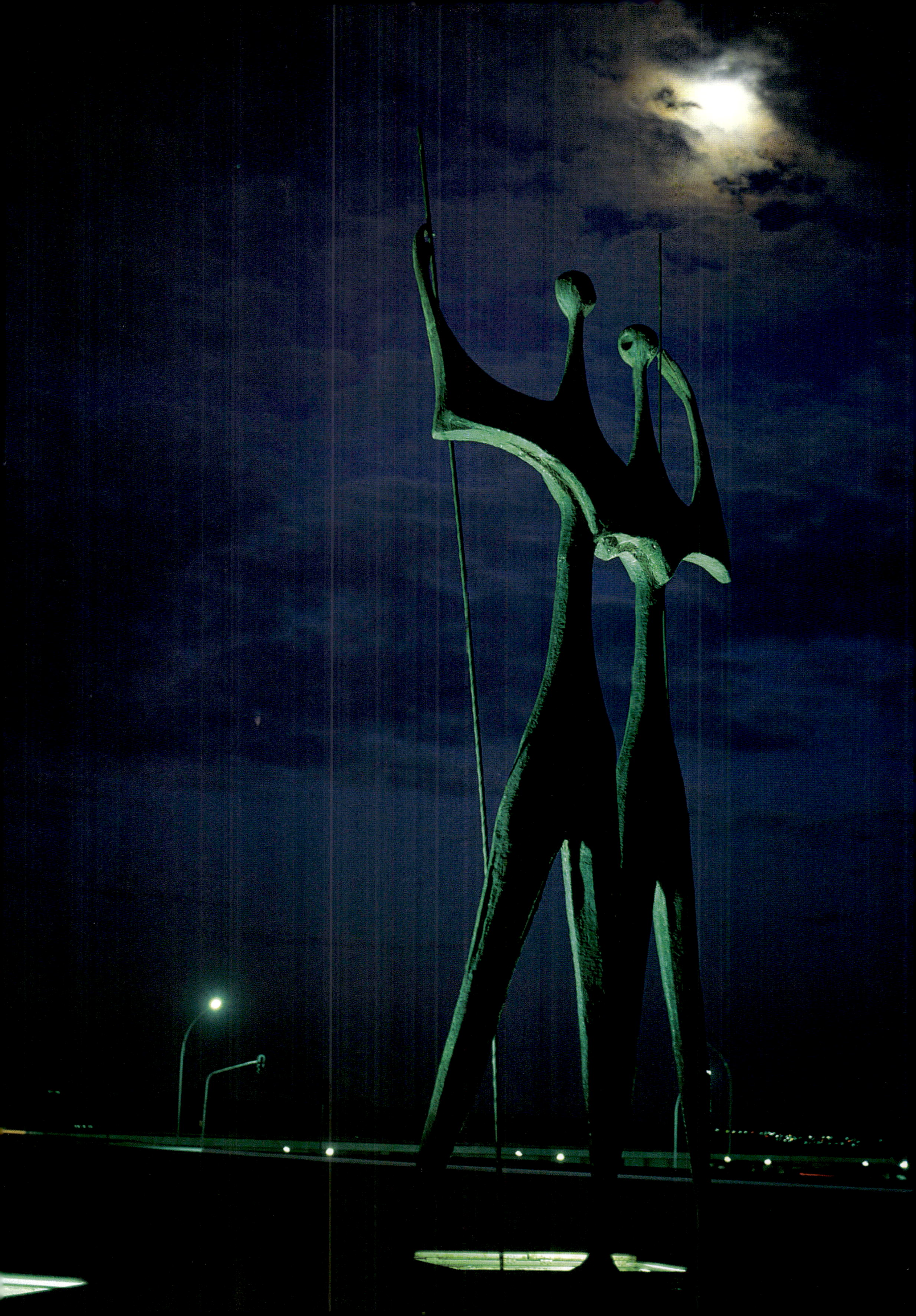

Após risos e lágrimas reais,
todos se vão em múltiplos destinos...
Agora, o desatino de seculares fantasmas
sorrindo e brincando de encenar a vida.

After real smiles and tears
each face went away to a different place...
Now a host of centenary ghosts
comes to the scene,
laughing and playing at acting out.

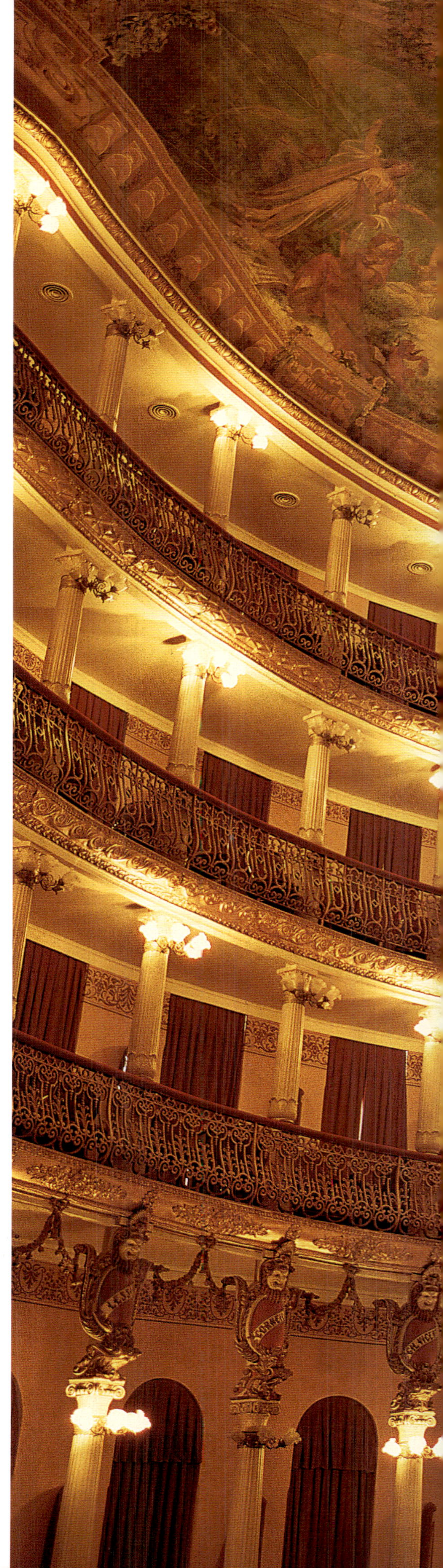

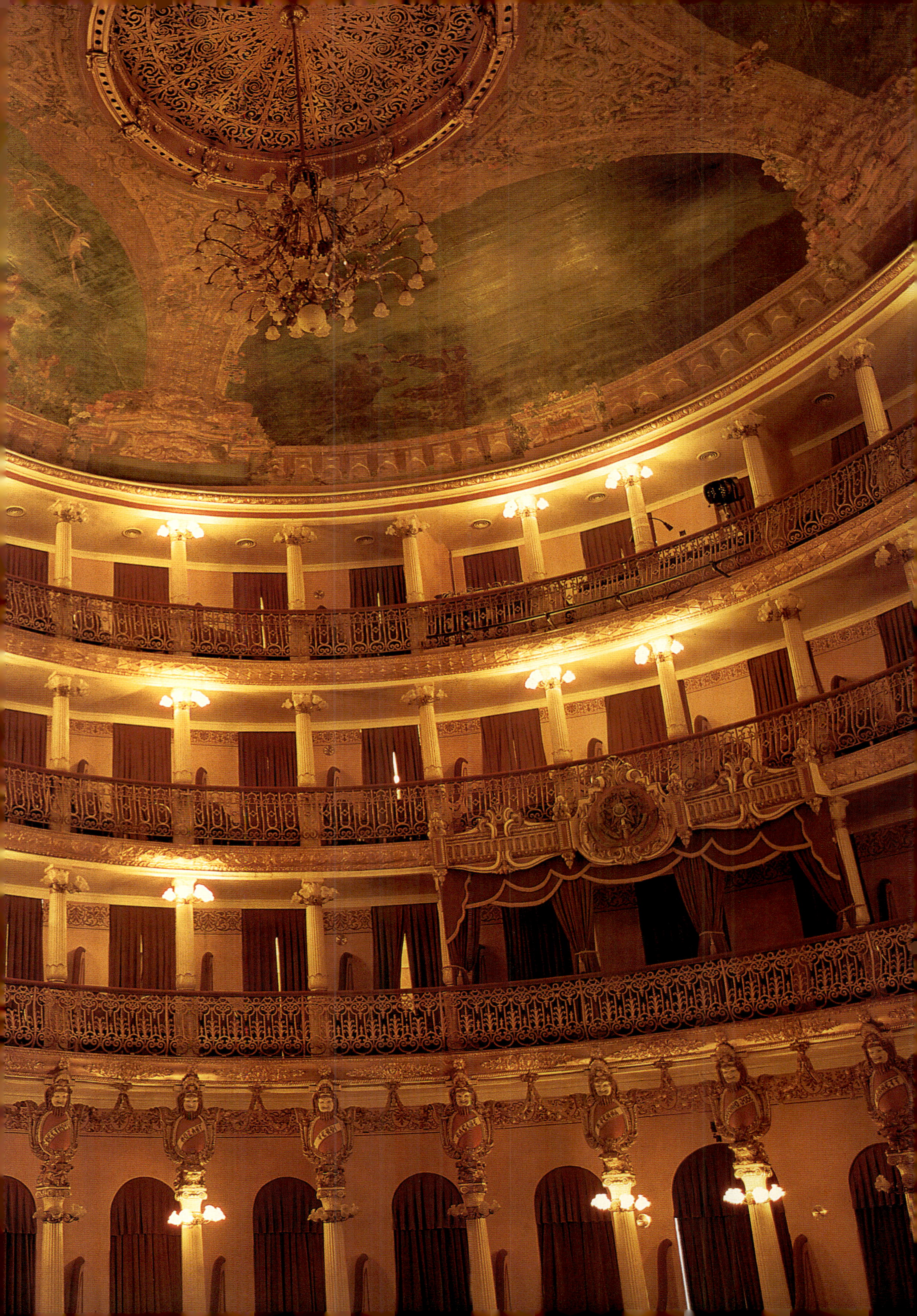

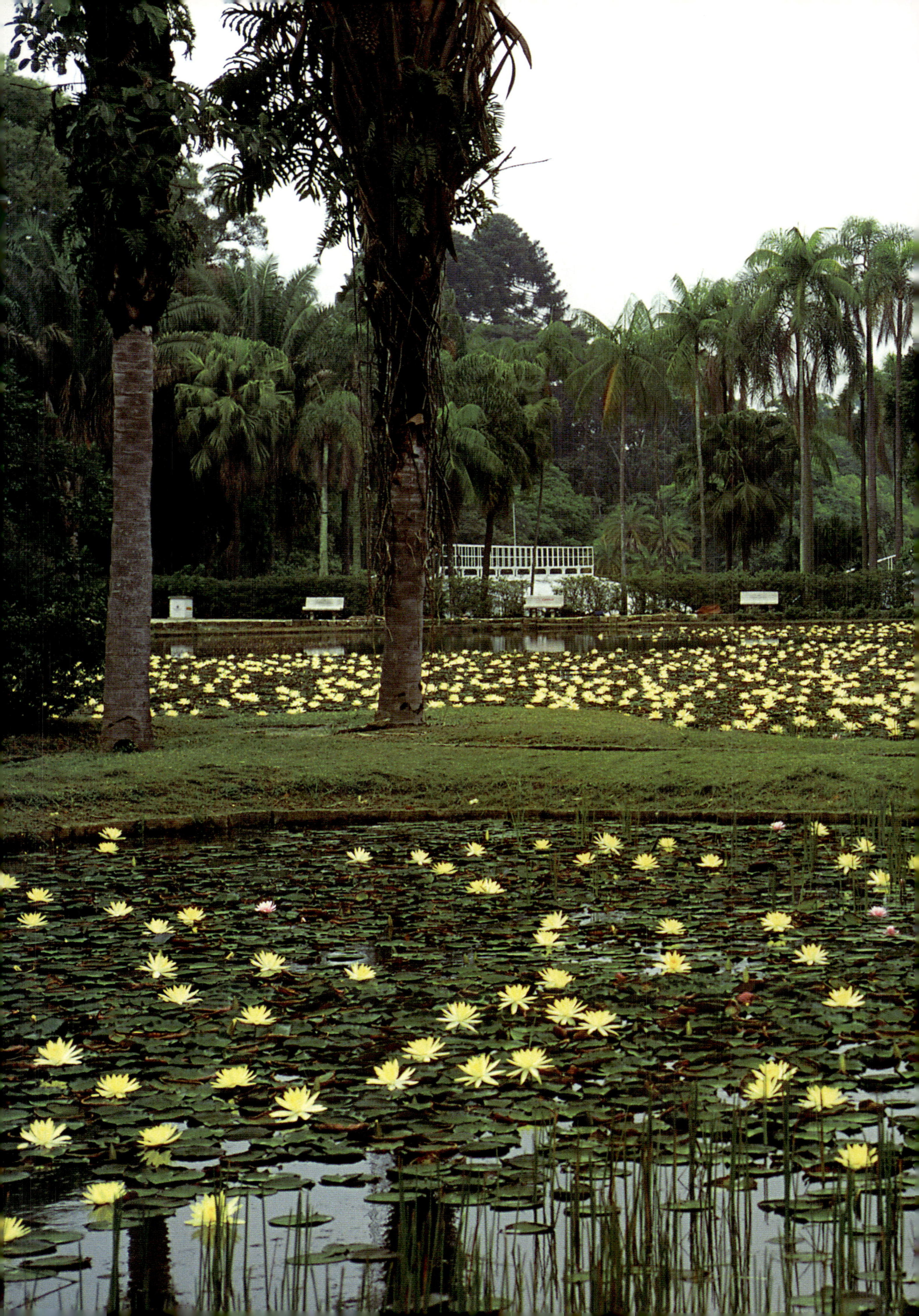

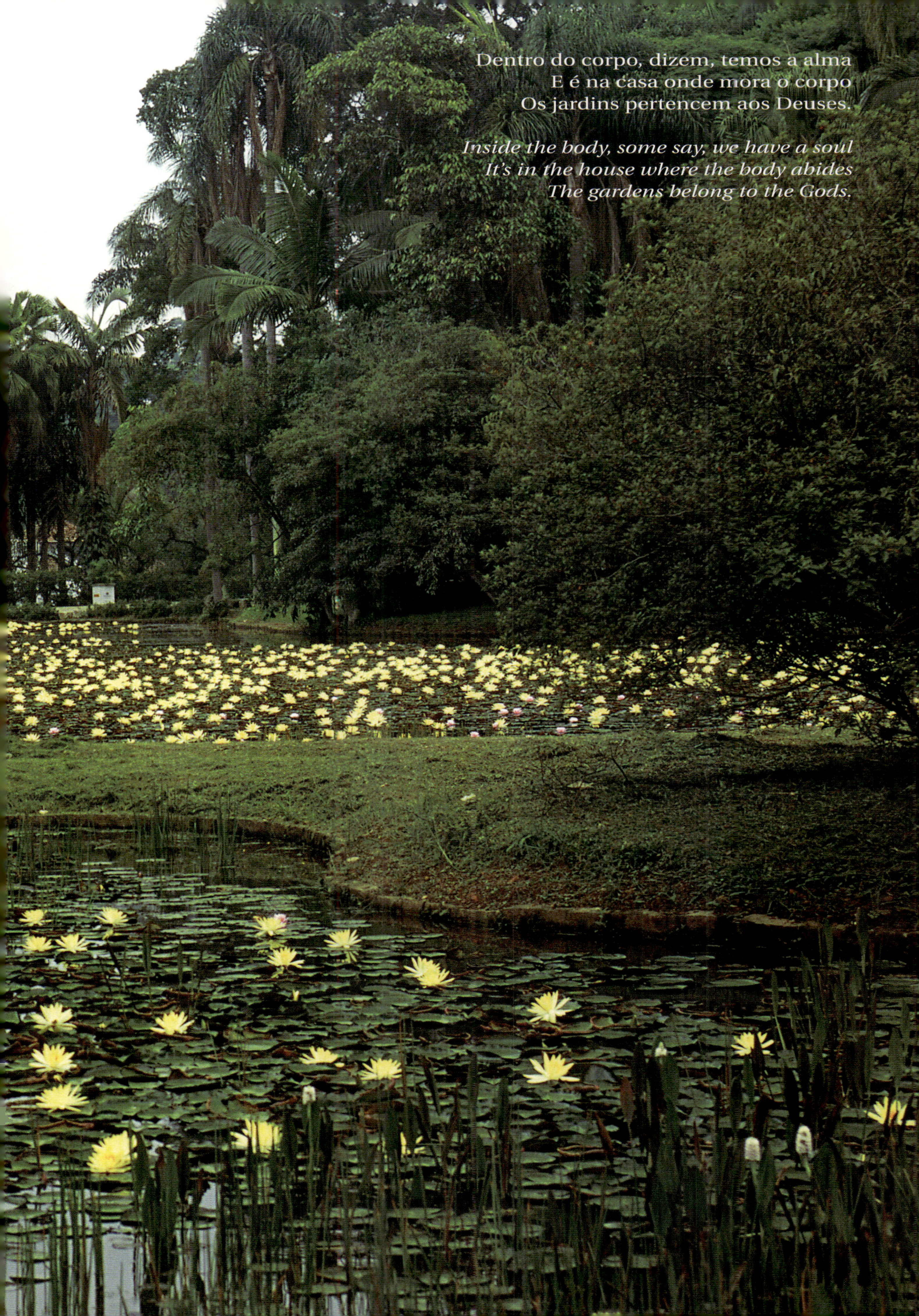
Dentro do corpo, dizem, temos a alma
E é na casa onde mora o corpo
Os jardins pertencem aos Deuses.

Inside the body, some say, we have a soul
It's in the house where the body abides
The gardens belong to the Gods.

De onde, de que outros mares,
este perfume que o vento – além das velas –
suavemente agita?

From where?
What other oceans bring
this perfume
that the wind, beyond the sails,
tenderly waves?

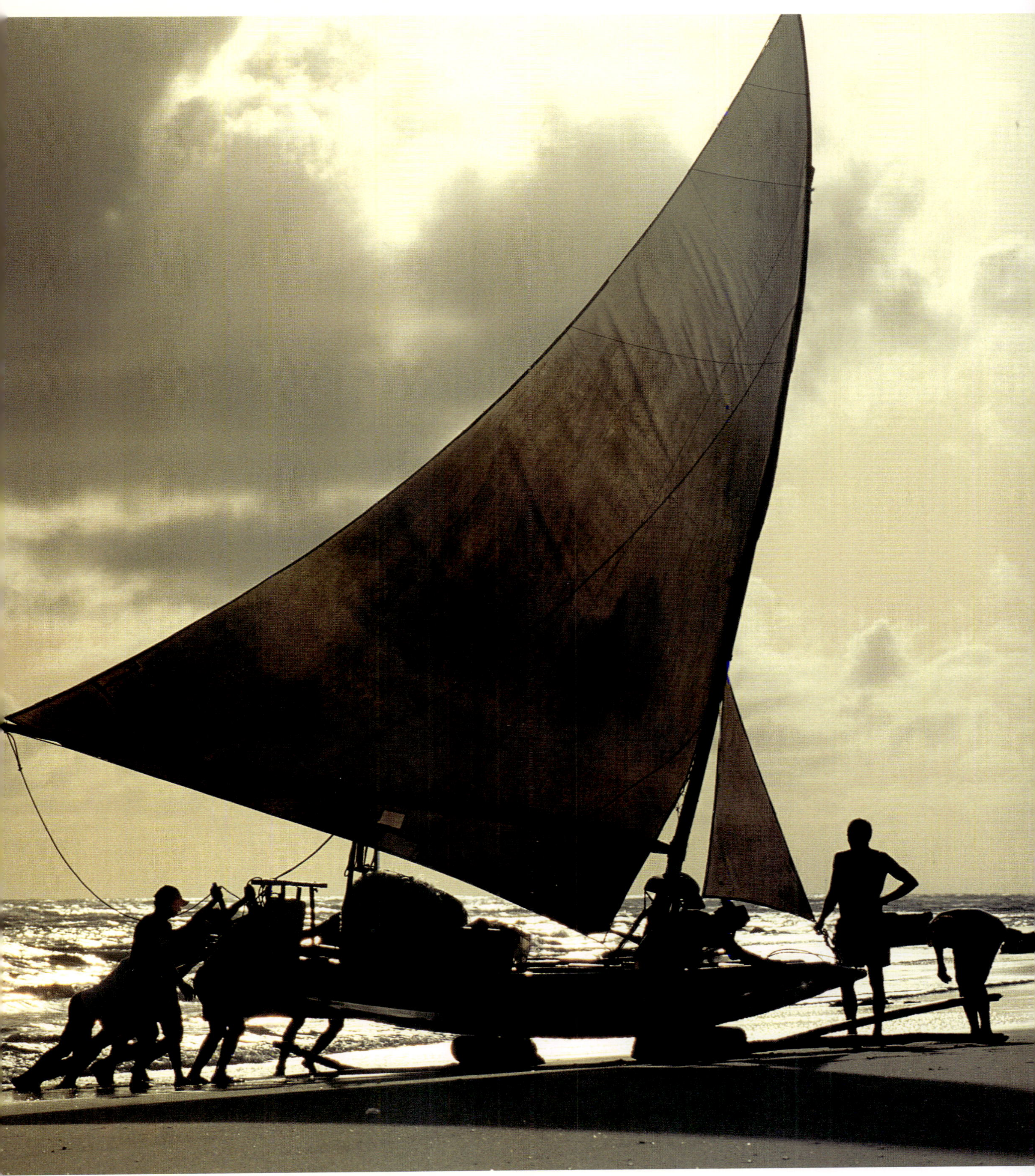

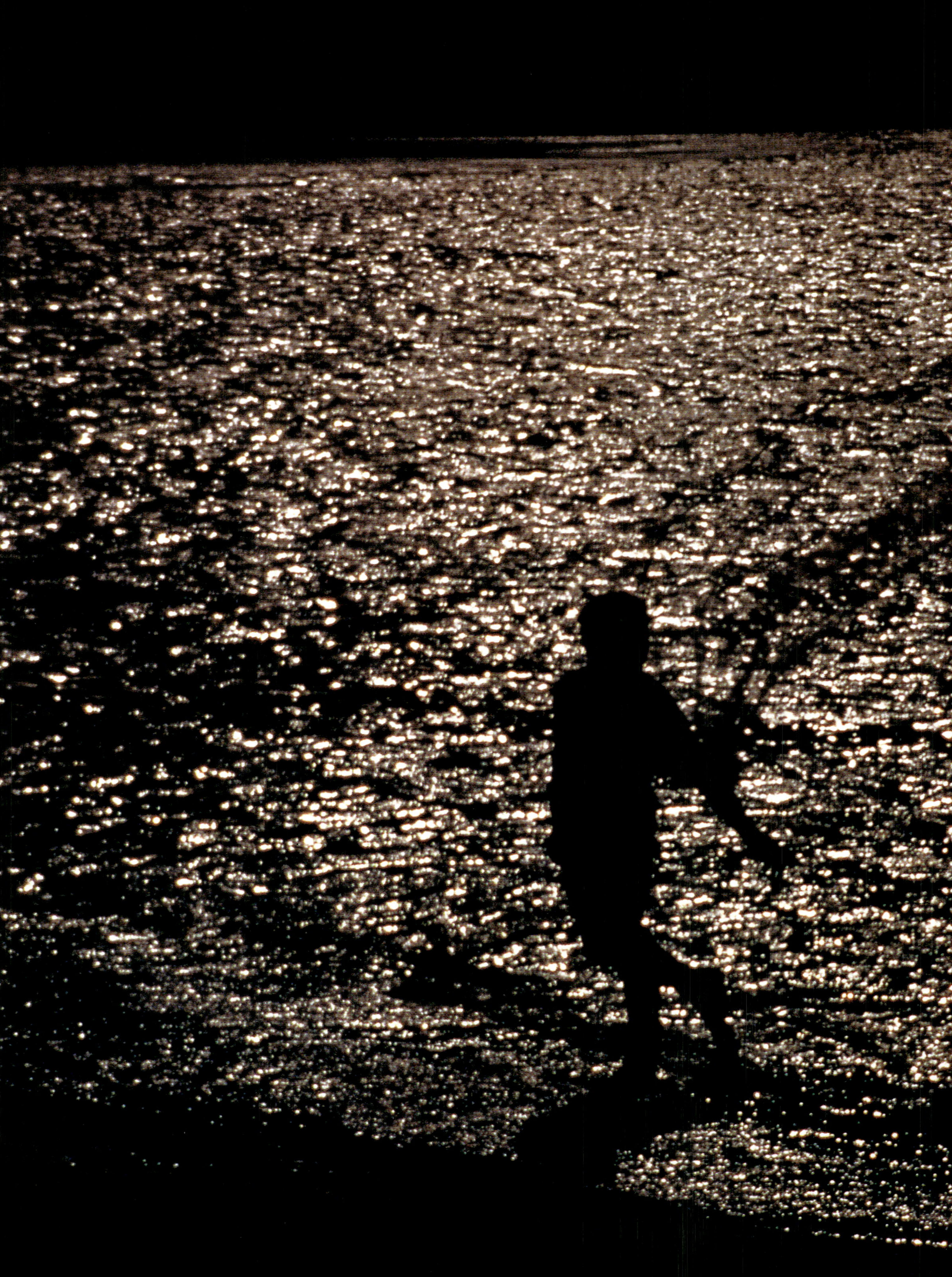

O breu da noite parece não ter pressa...
Prece preenche o solitário pescador
Cardumes fogem em silenciosa procissão.

As night comes, the sense of hurry escapes
While faith fills the lonely fisherman,
schools of fishes flee
in a silent and unseen procession.

Cedo as velas estarão içadas
sobre fortes e esbranquiçadas vagas
de um deserto e aberto mar
O medo da morte, decerto, não haverá.

Over strong white waves
the fishermen will soon set sail
The sea will become an endless desert
Nevertheless, fear of death shall be nowhere.

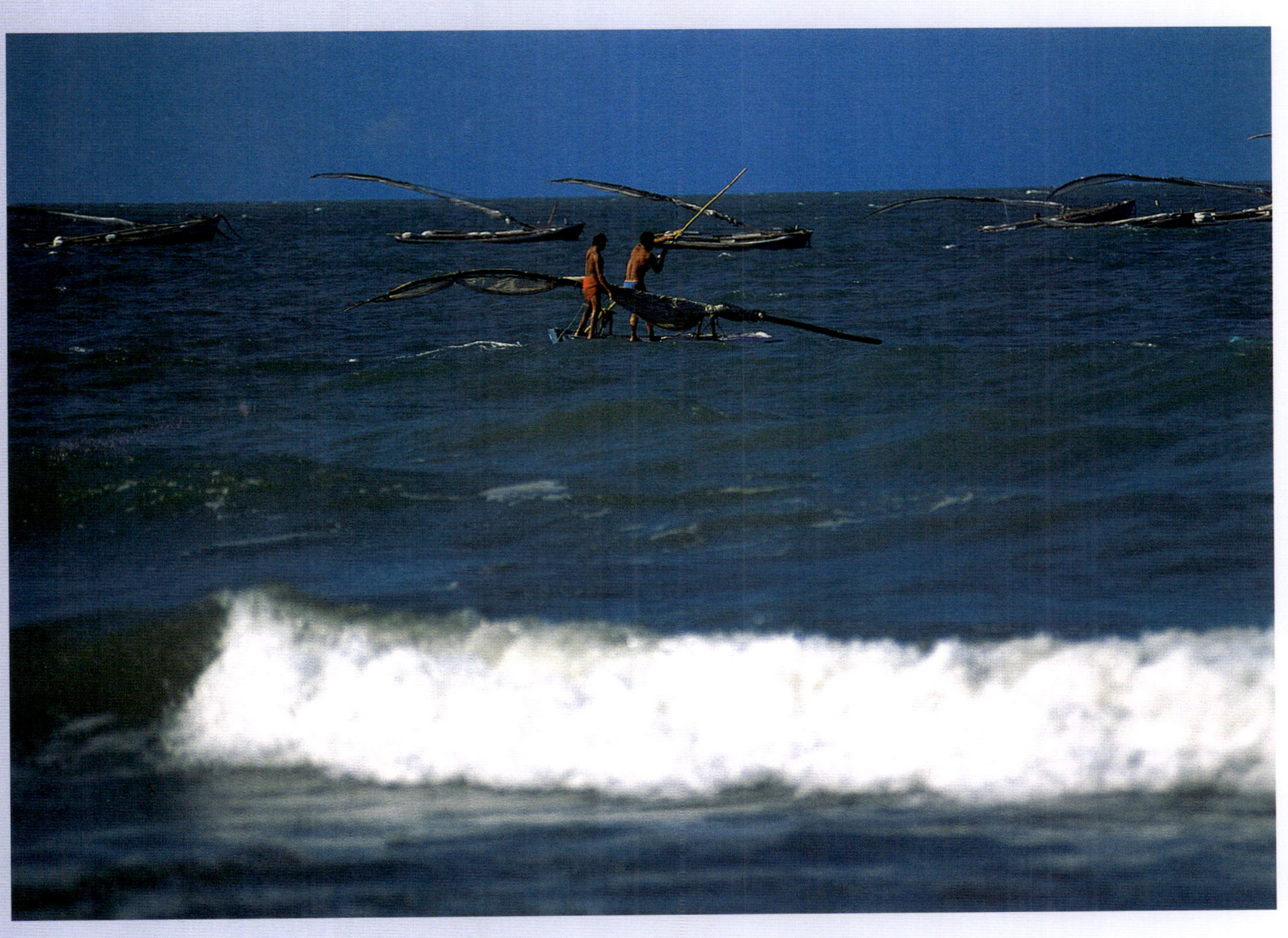

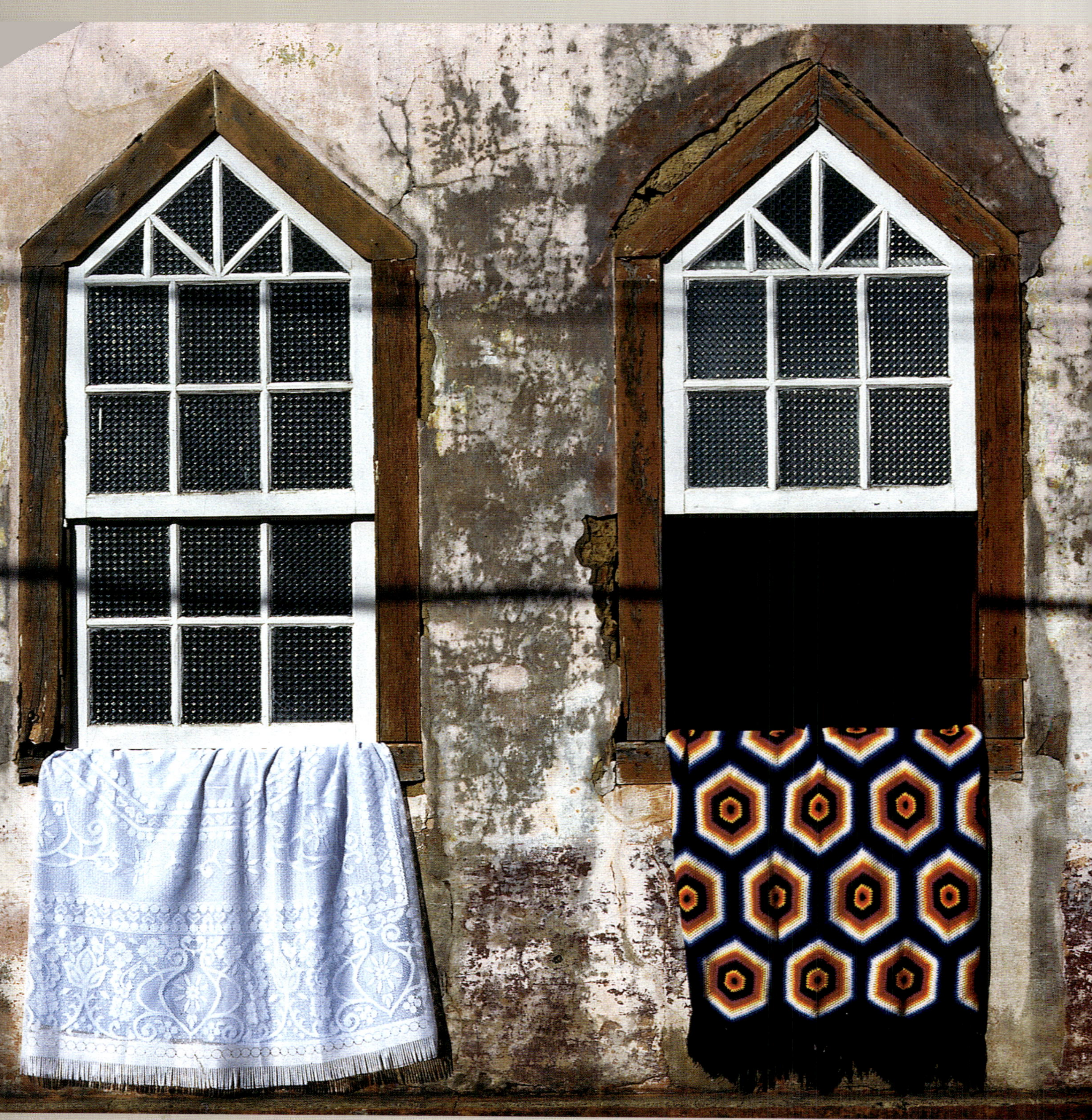

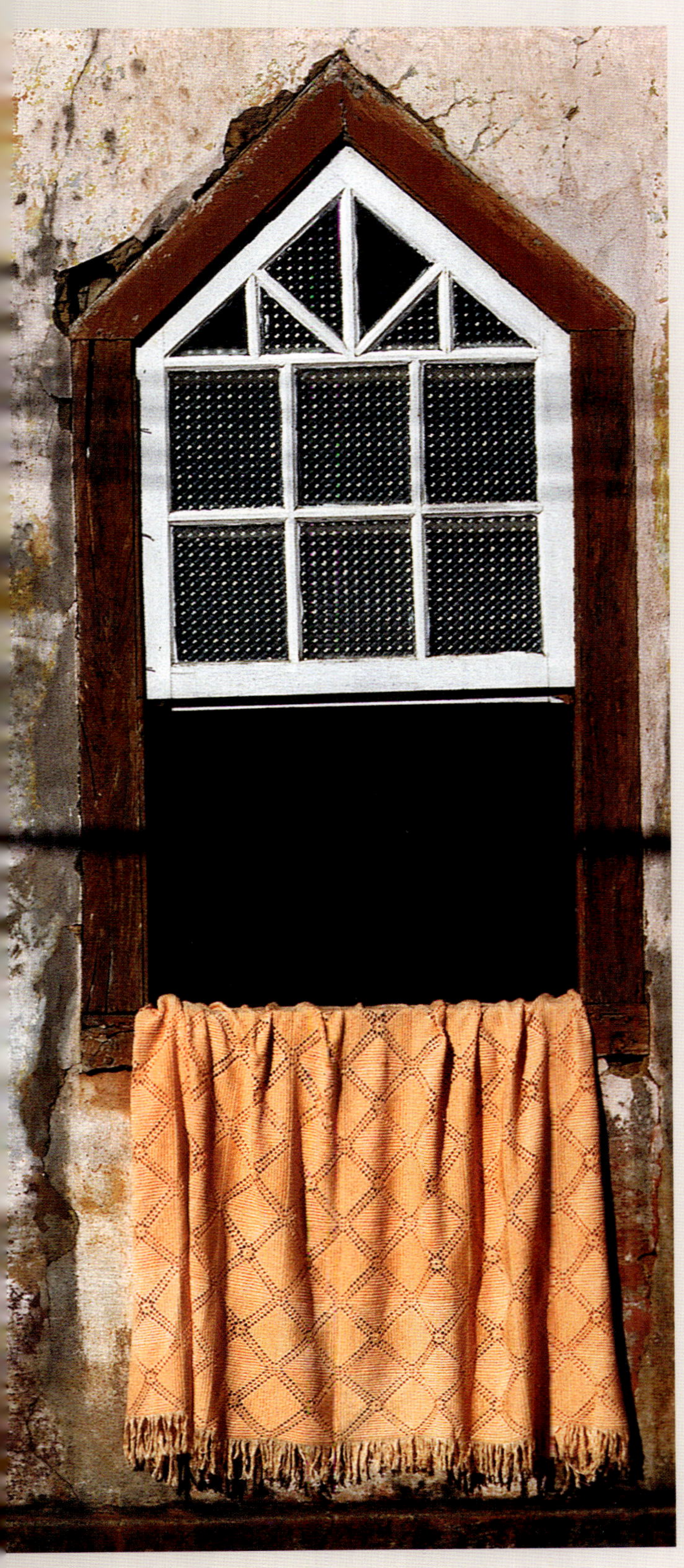

A fachada se ressente do peso do tempo
e do olhar atento o sentimento:
quanta tristeza, dor e fantasia
não acolhe este escuro interior?
Nas janelas, tecidas fio a fio,
cores são tímido aceno à alegria.

Even fading to the weight of time
the old façade raises deep doubts:
how much pain, sadness and fantasy
did not take place in this dark interior?
And yet in its windows can be felt
the shining of possible joy.

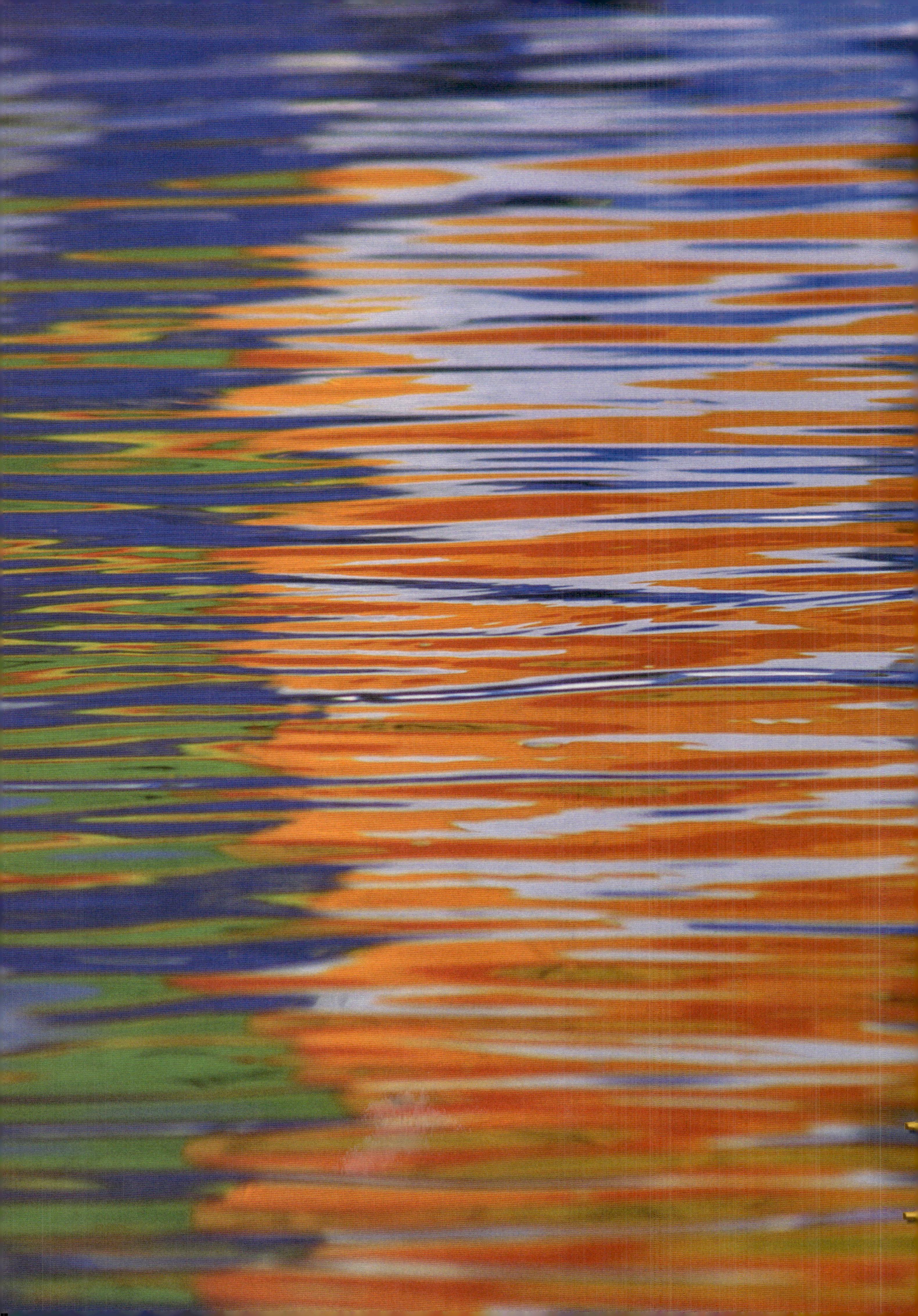

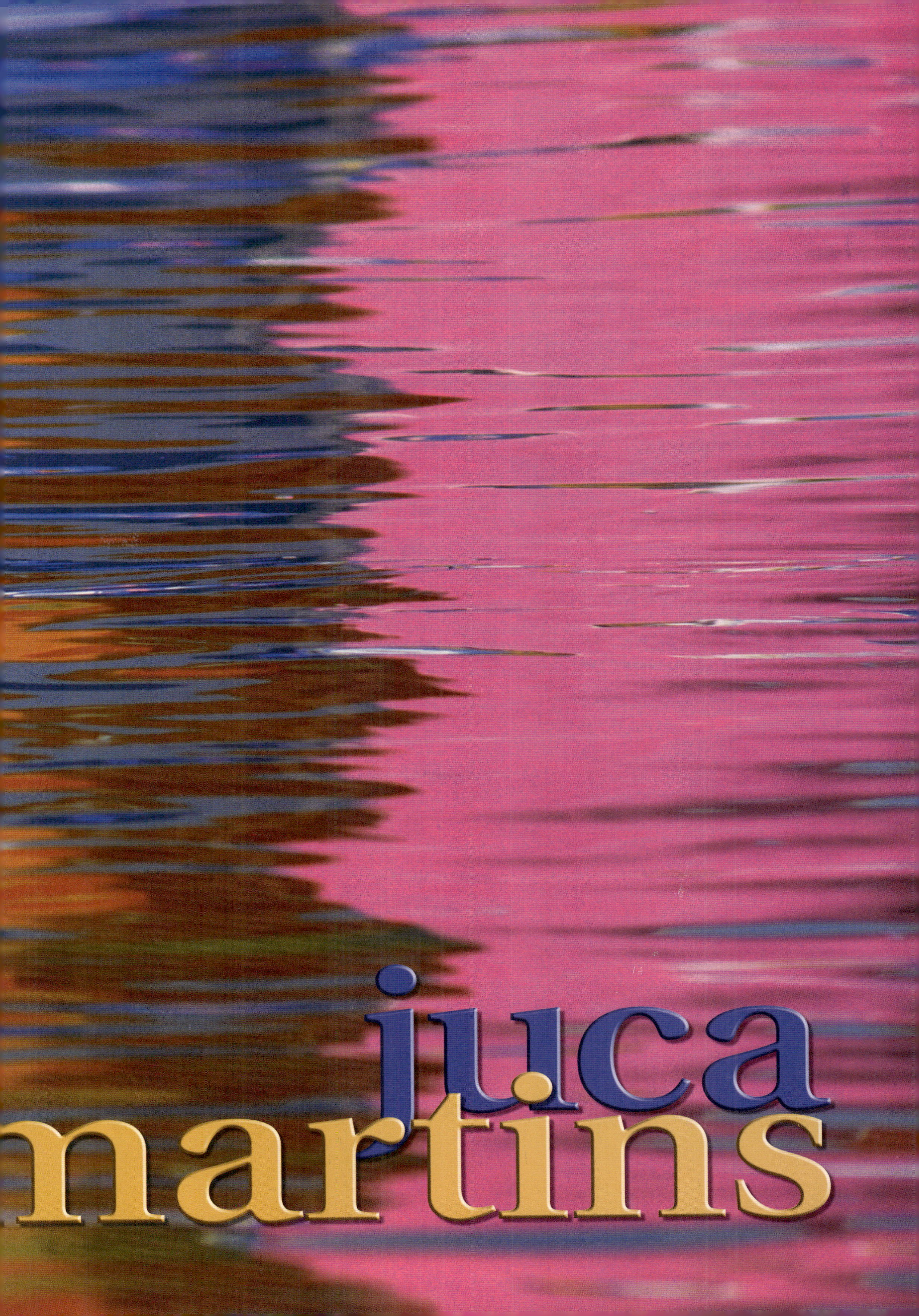
juca
martins

Levada pelo vento a leve vela
em breve, num canto qualquer do infinito azul,
será apenas um minúsculo ponto de rubra cor...
até que o crepúsculo de negro tudo cubra.

Taken by the wind the light sail
will soon be a speck of red delight on the endless blue
But early will come the sunset
involving everything in deepest black.

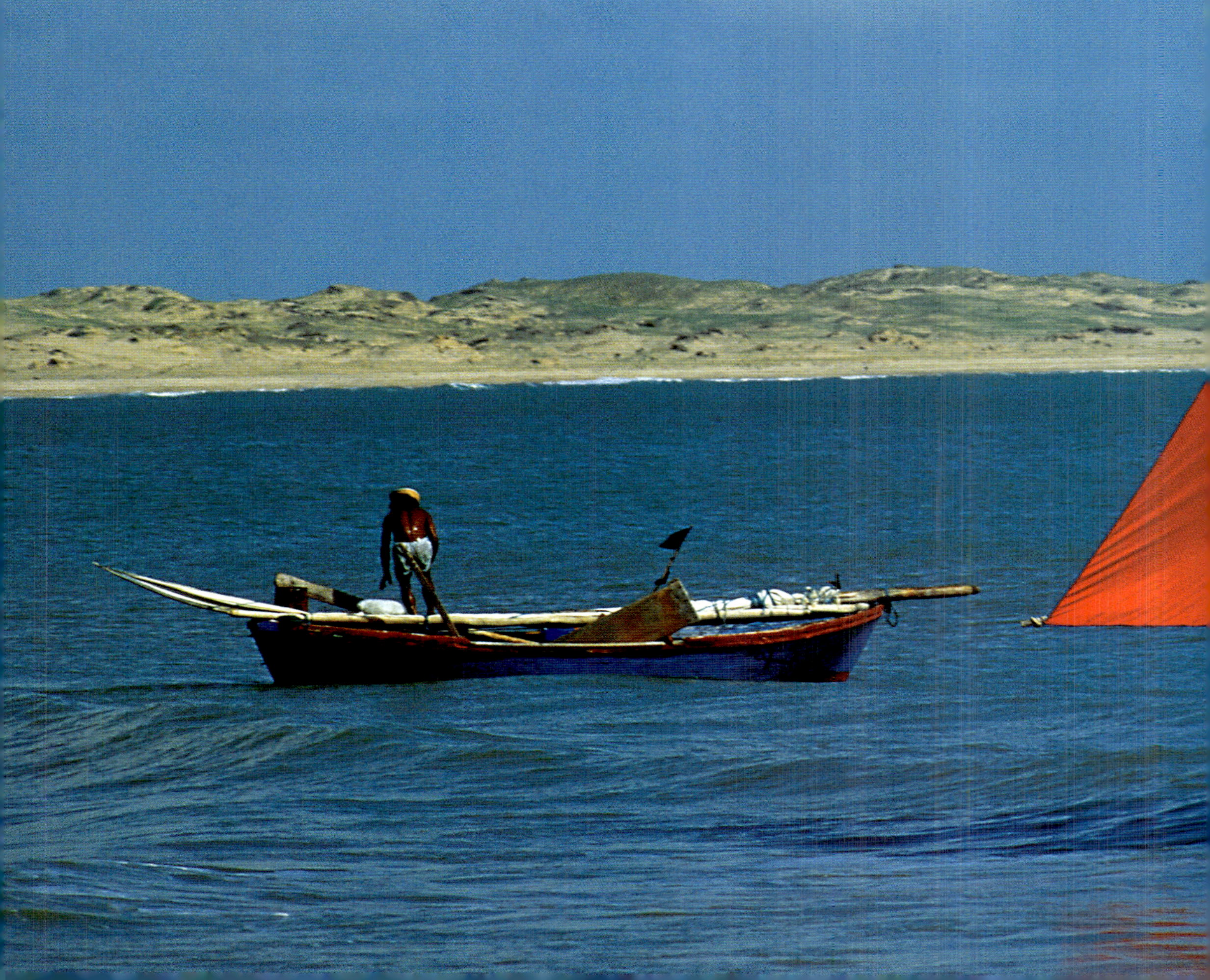

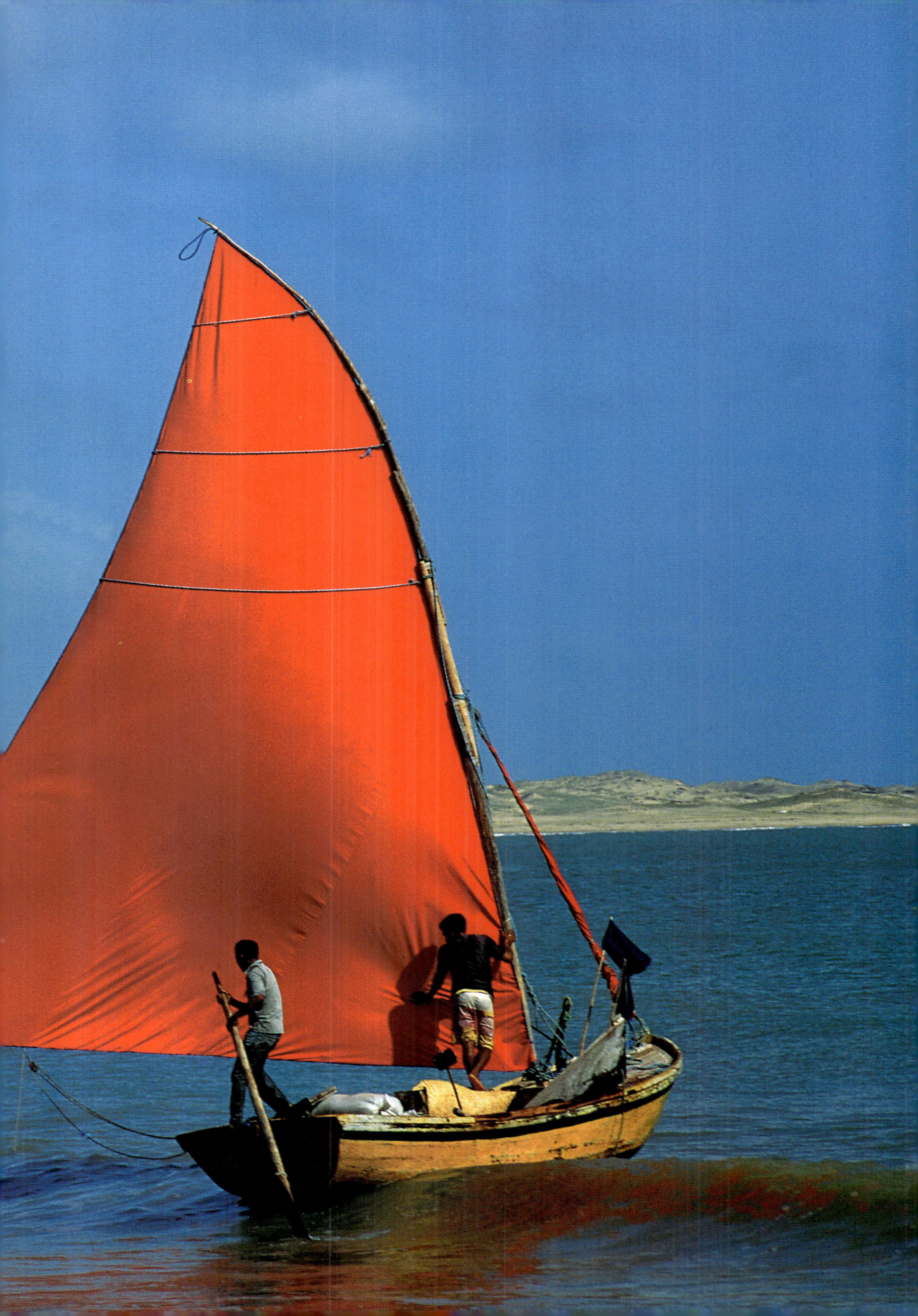

Ao lado da densa floresta
ao rio, caminho de si mesmo,
só resta a sina de sempre seguir...
Levando e fazendo da vida um grande sentir.

Next to the distant and dense forest
the river is its own way
And in the dance of its waters
what is left is the fate of forever flowing.

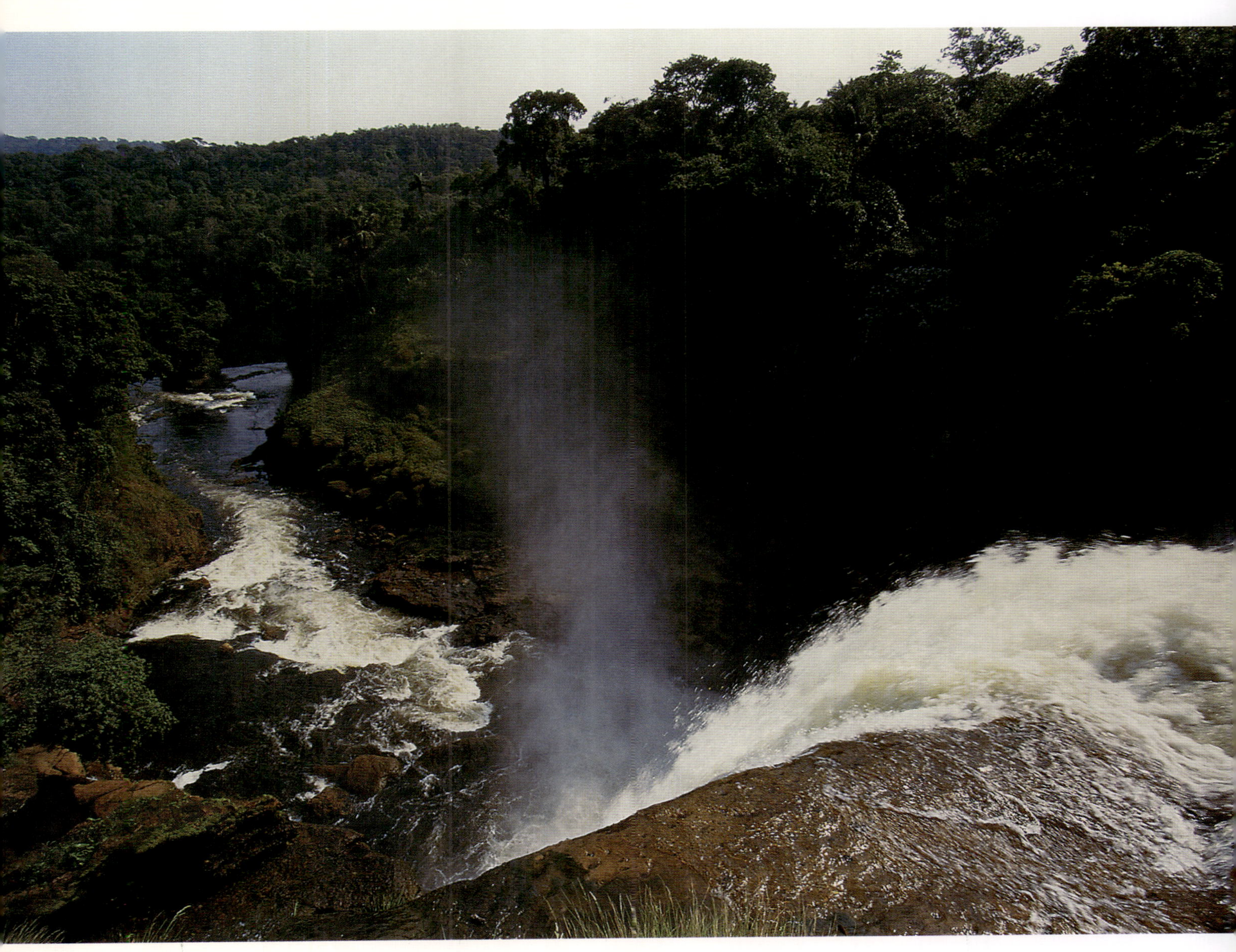

Por trás de tudo a mensagem maior:
o estético não se aprisiona, a beleza transborda.

Beyond everything somehow we realize:
the esthetic can't and won't accept confinement
Beauty is overflowing.

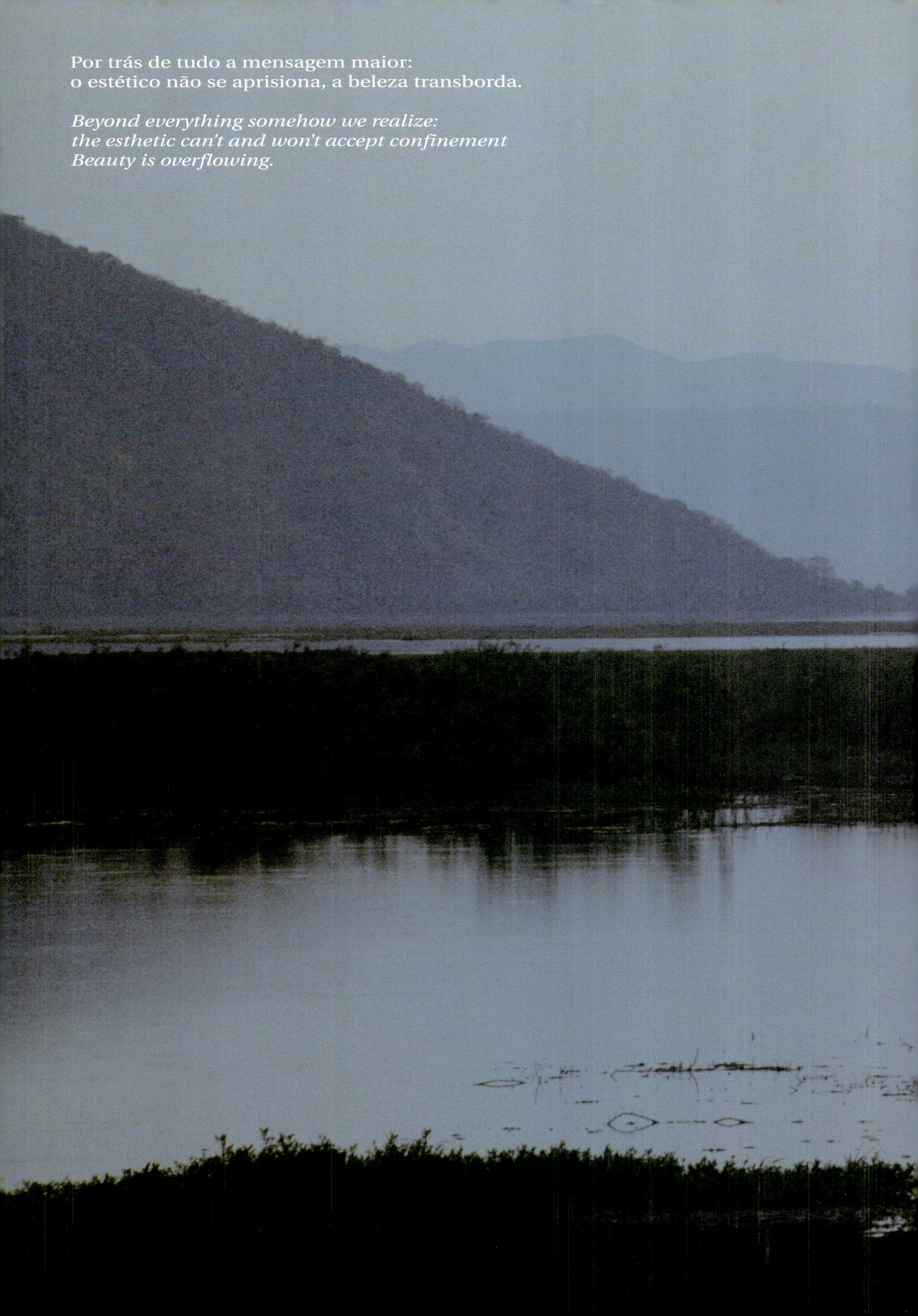

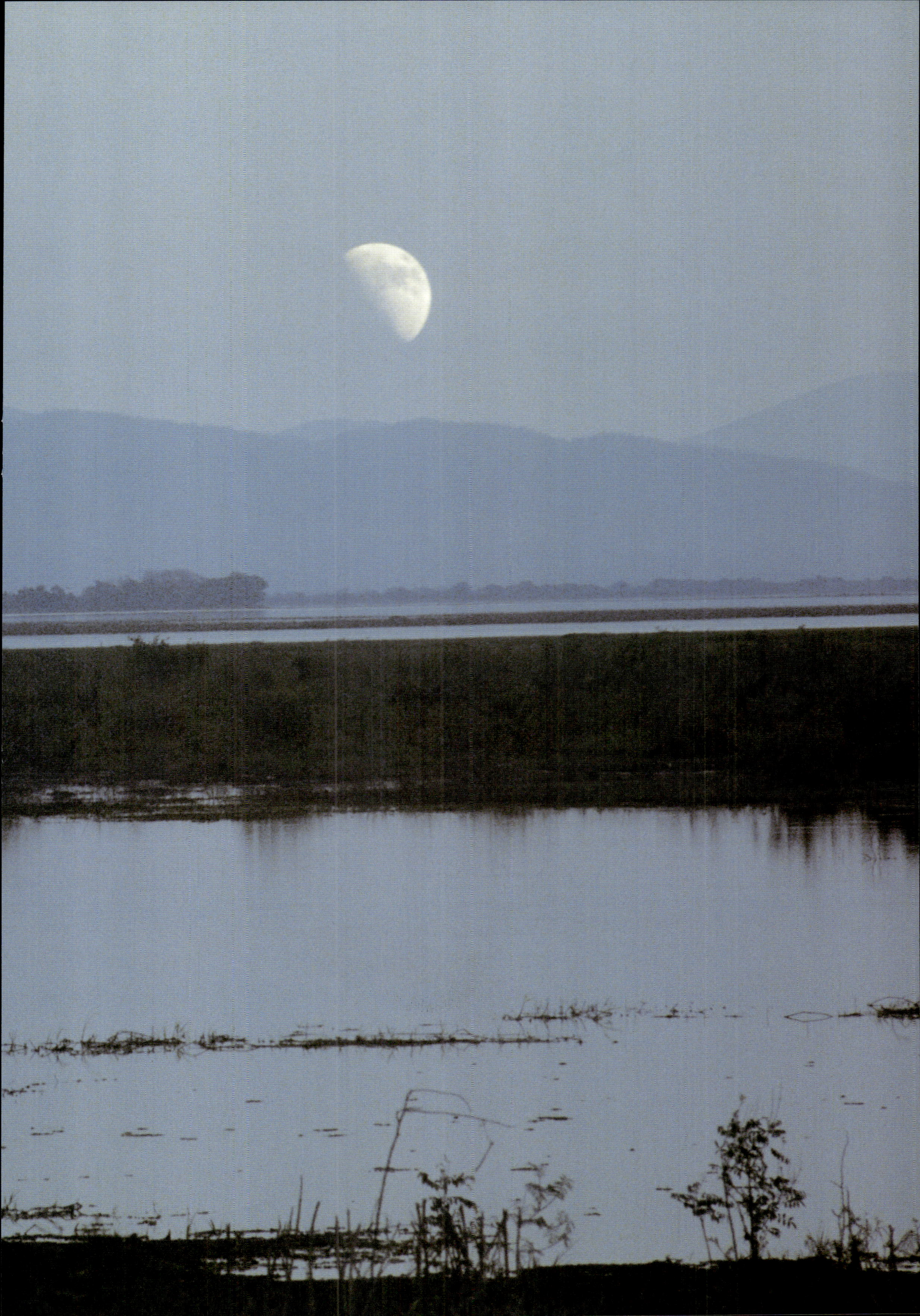

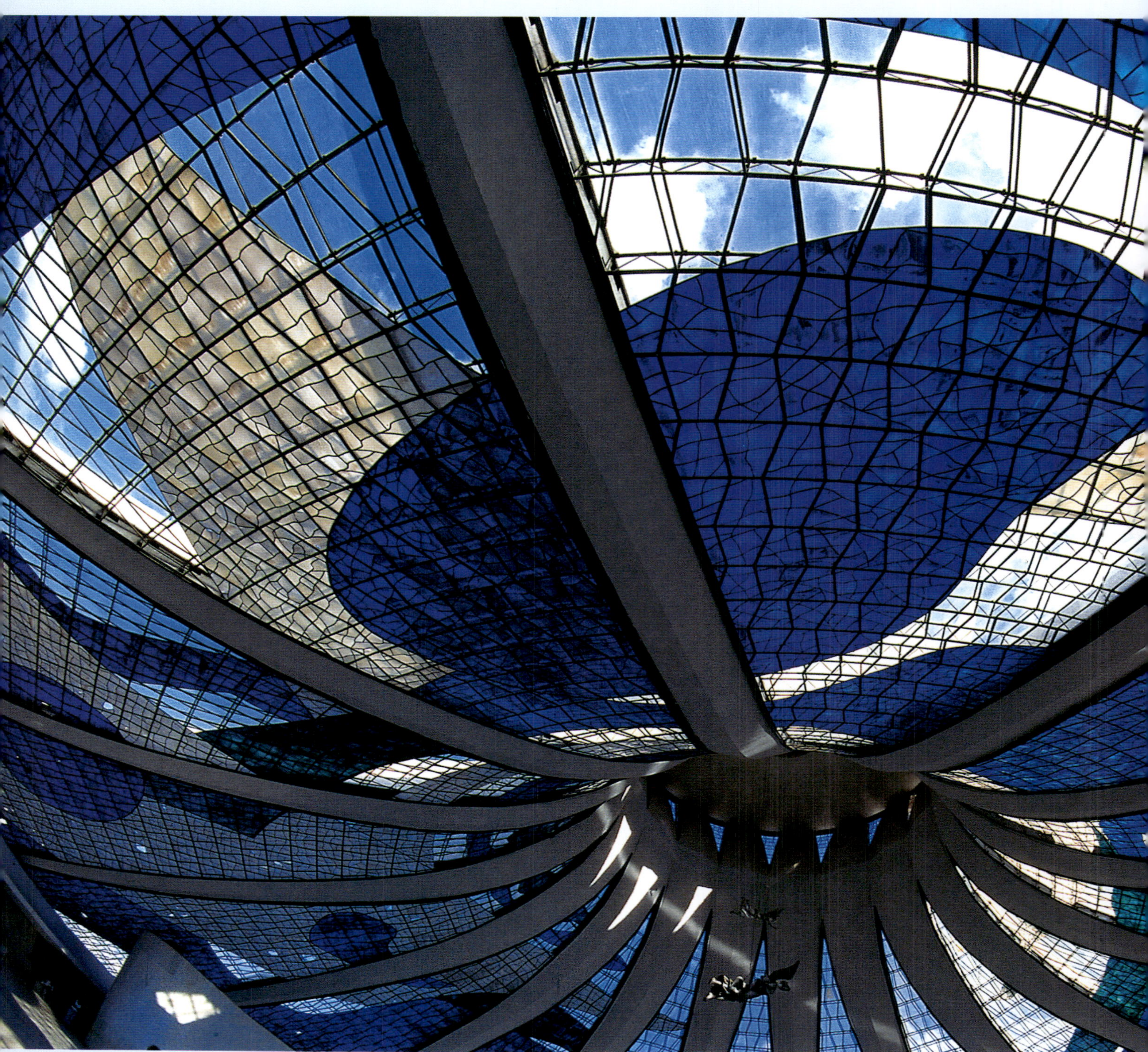

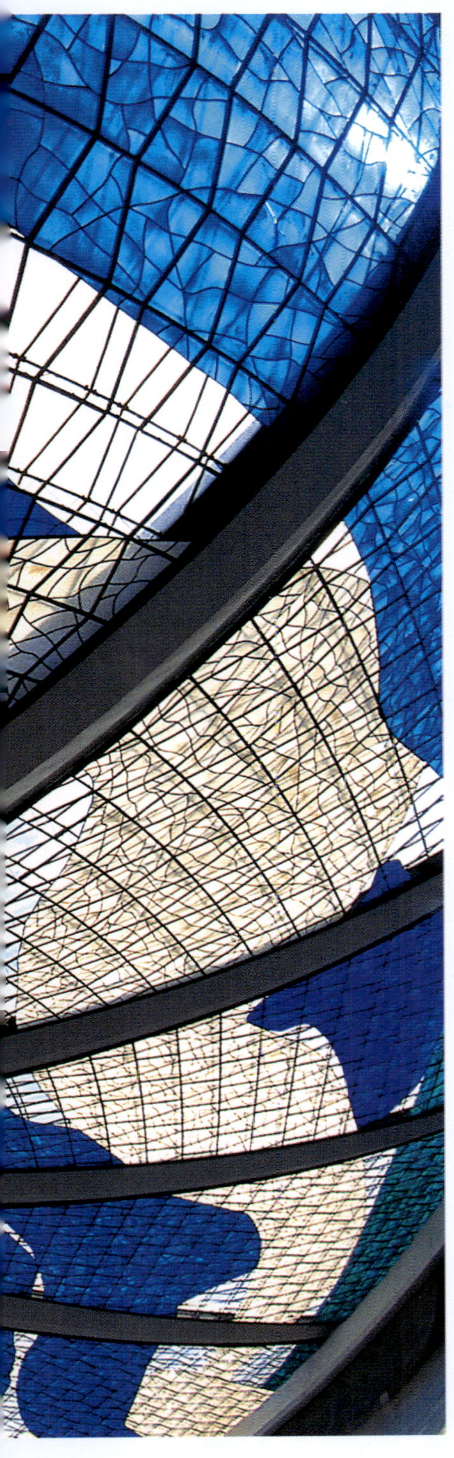

Pesadas vigas vigiam o passar do tempo
Vagas leves nuvens levadas pelo vento...
O teto do templo, vazado de luz,
projeta a cruz para muito além.

Of time beams are sentinels
Clouds are swells taken away by the wind
The roof of the temple crossed by light
projects the cross far beyond the limits.

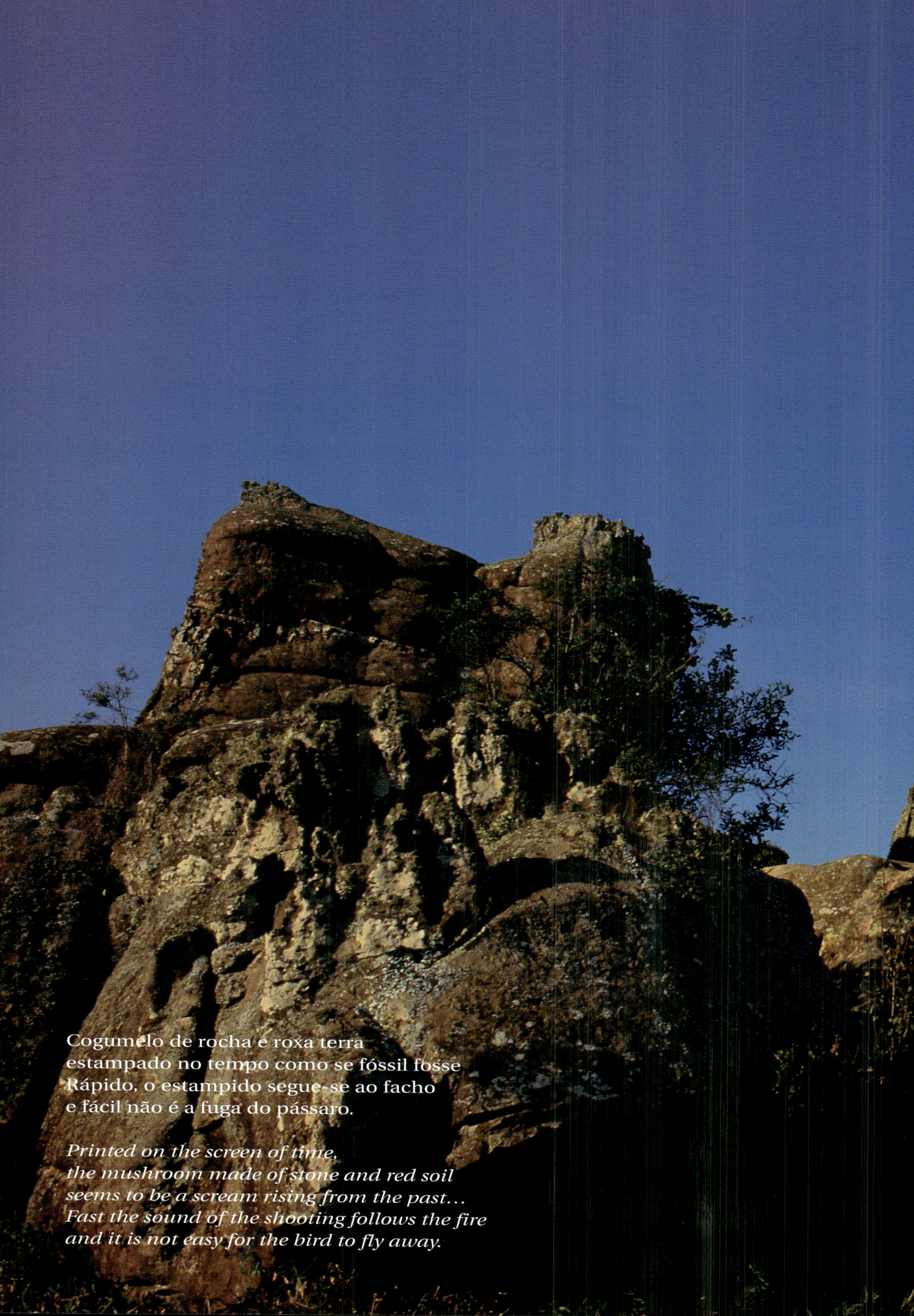

Cogumelo de rocha e roxa terra
estampado no tempo como se fóssil fosse
Rápido, o estampido segue-se ao facho
e fácil não é a fuga do pássaro.

Printed on the screen of time,
the mushroom made of stone and red soil
seems to be a scream rising from the past…
Fast the sound of the shooting follows the fire
and it is not easy for the bird to fly away.

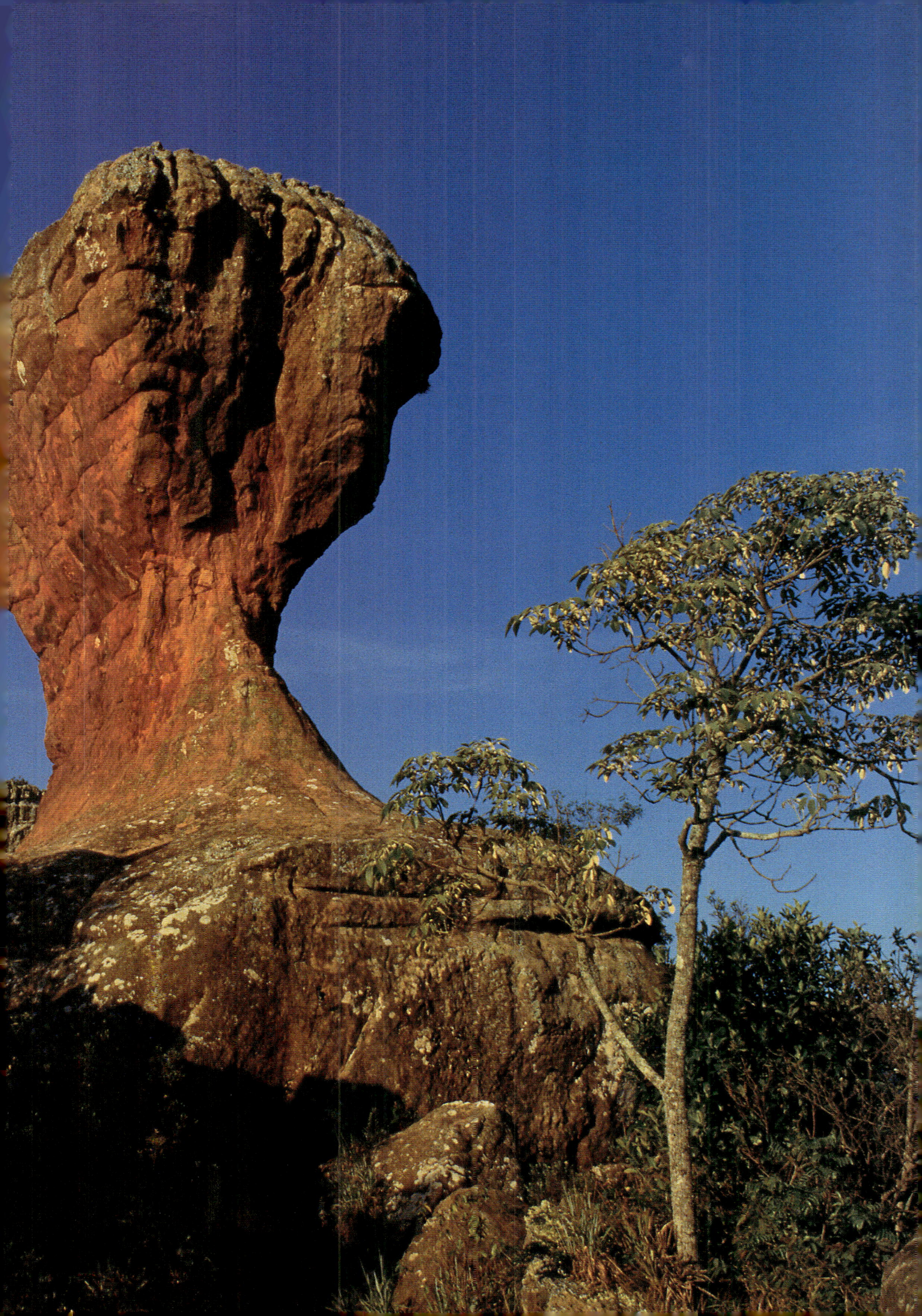

Decerto, deserto não há
Mas, perto do mar, há um oásis
e sempre vai haver a felicidade
de marejados olhos que nem sempre se vêem.

Certainly, there isn't a desert
Even so, close to the sea, an oasis can be seen
Still it is not possible to see the eyes
where this feeling of happiness comes from.

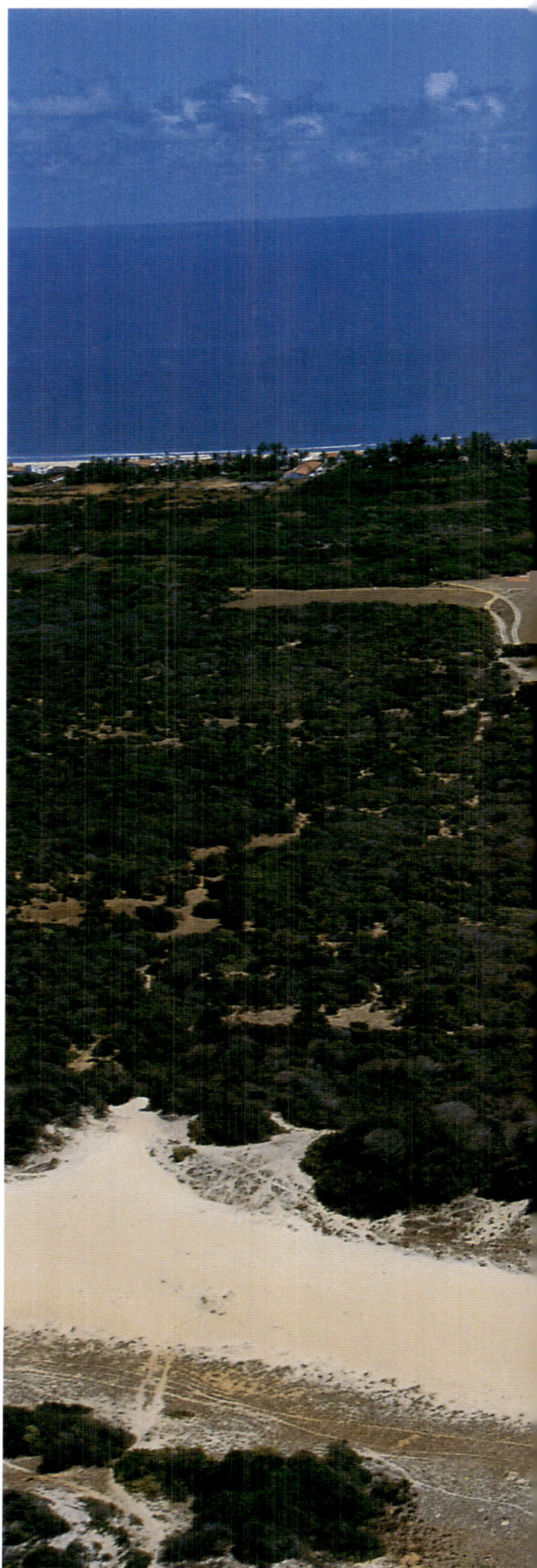

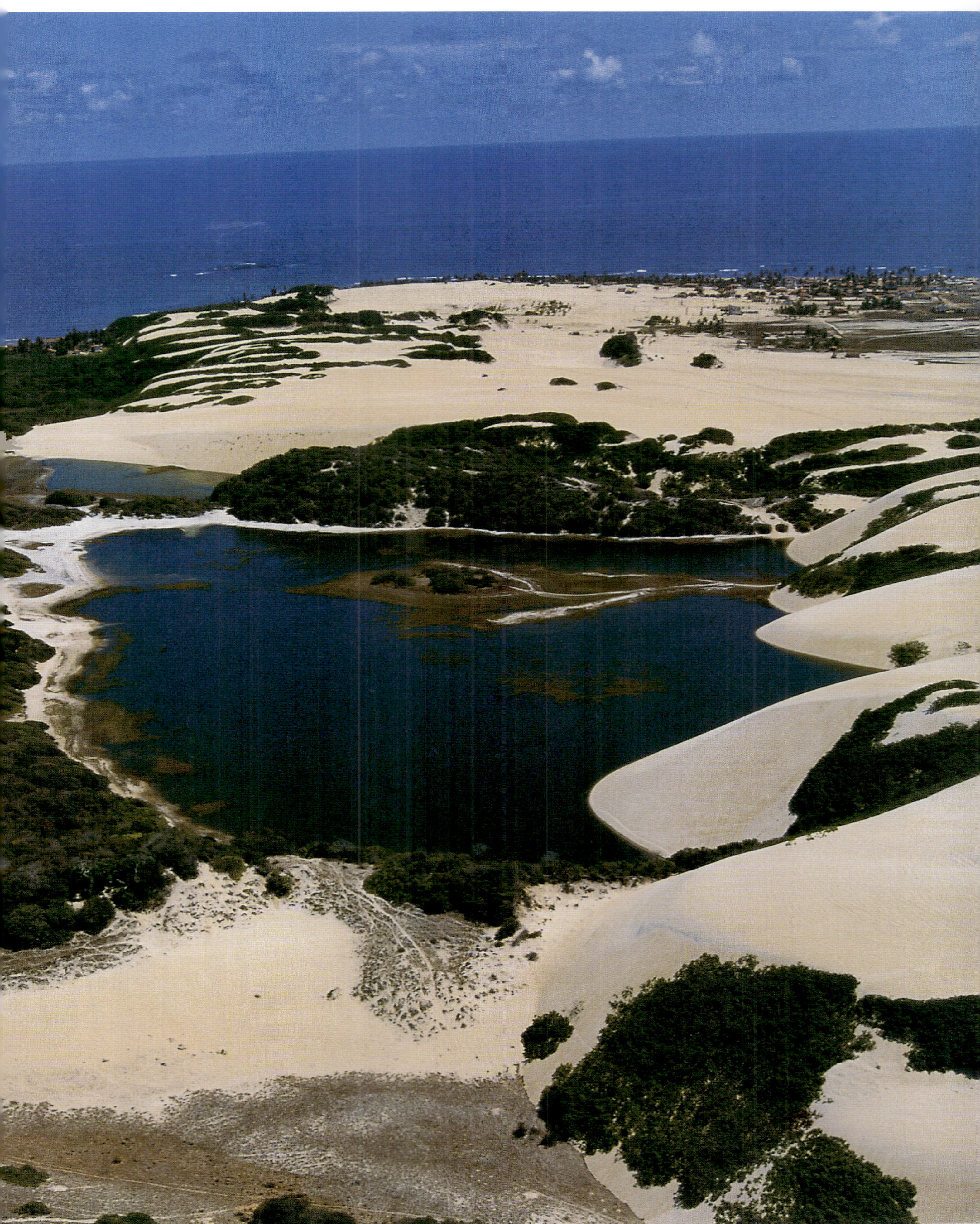

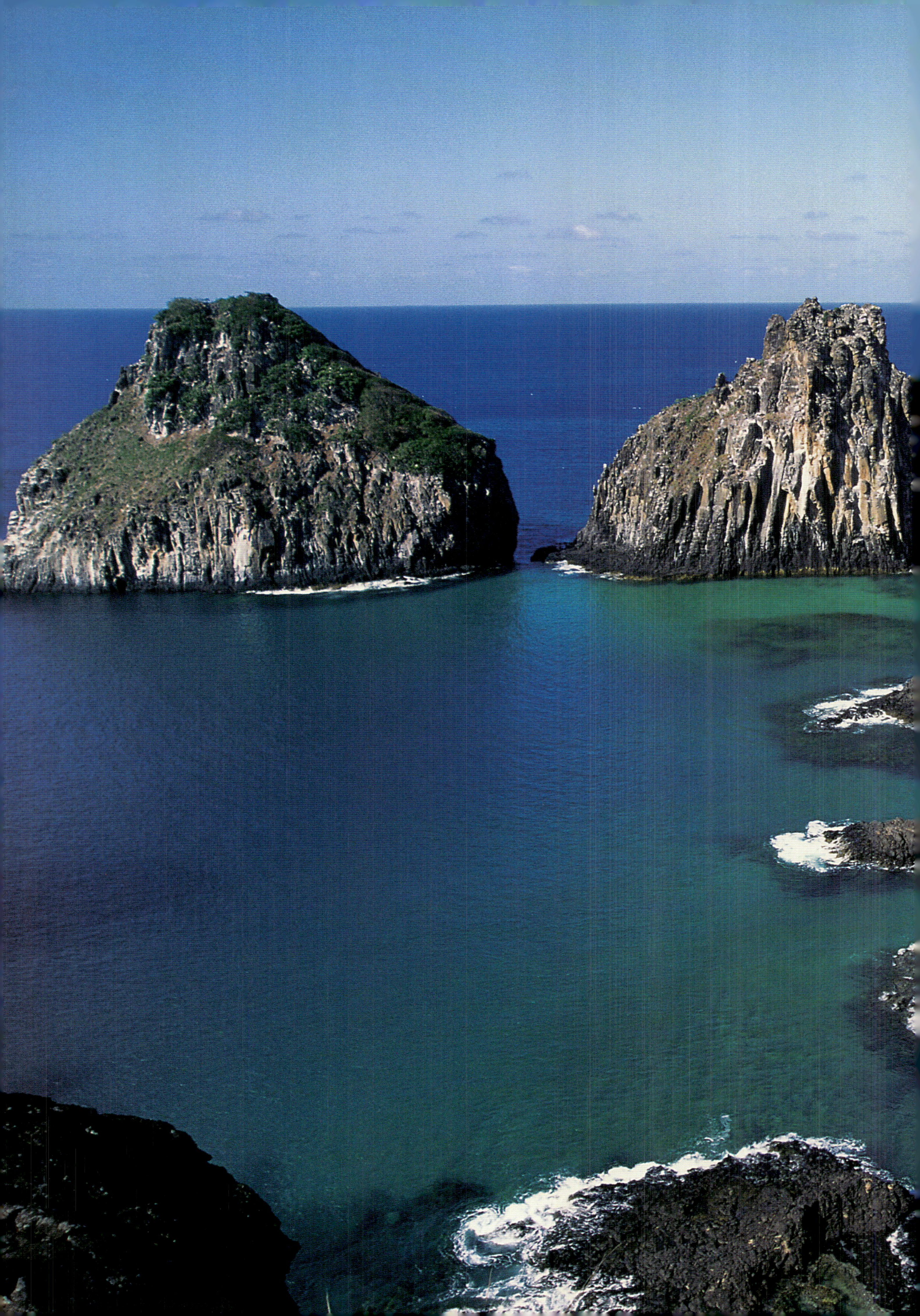

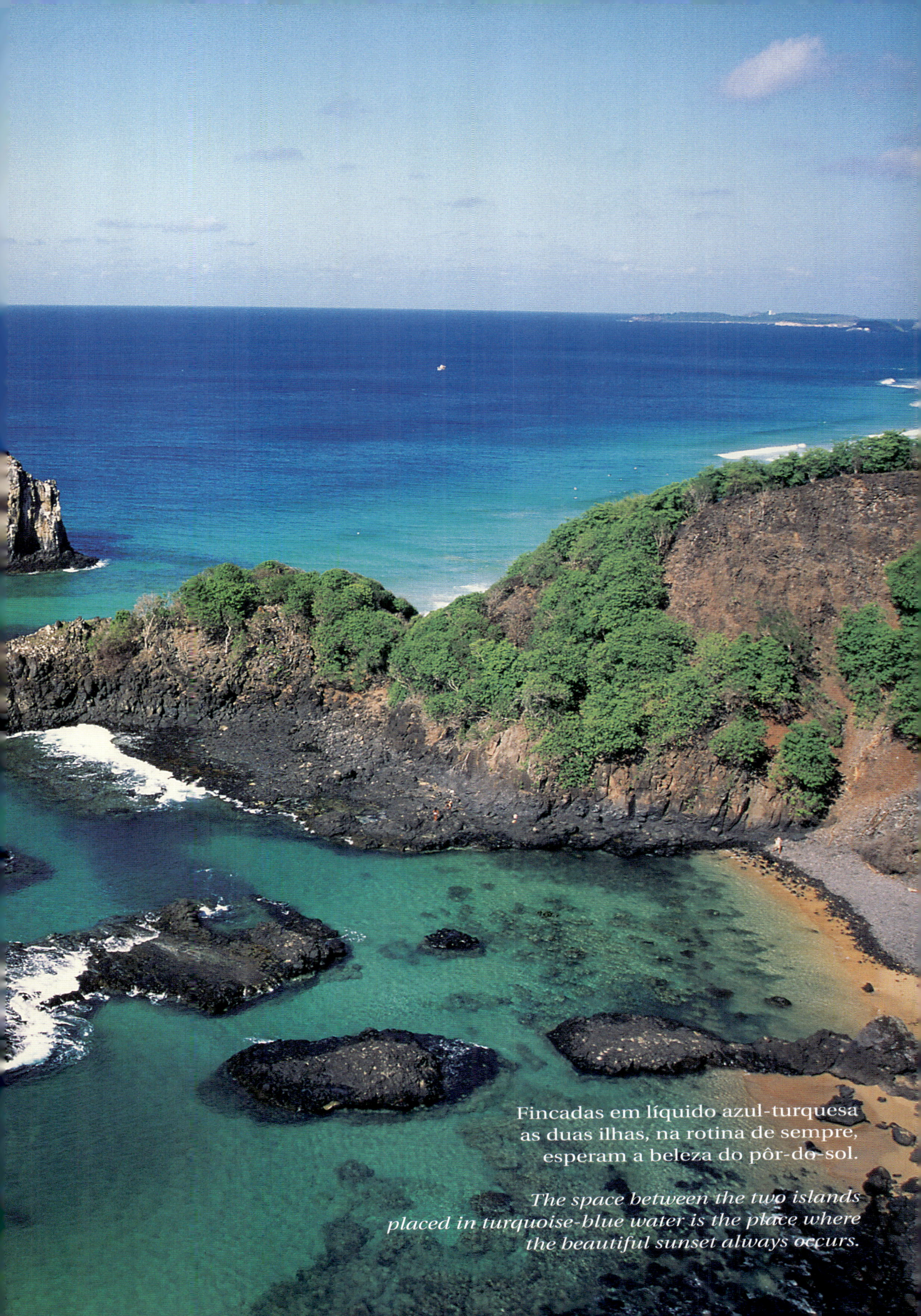

Fincadas em líquido azul-turquesa
as duas ilhas, na rotina de sempre,
esperam a beleza do pôr-do-sol.

*The space between the two islands
placed in turquoise-blue water is the place where
the beautiful sunset always occurs.*

O relógio crava o tempo no templo da fé
Ao vento, vermelhas flâmulas flutuam,
reavivando suavemente antigas memórias.

Time impregnated in the temple of faith
Red flags tremble in the wind
tenderly bringing back memories of yesterday.

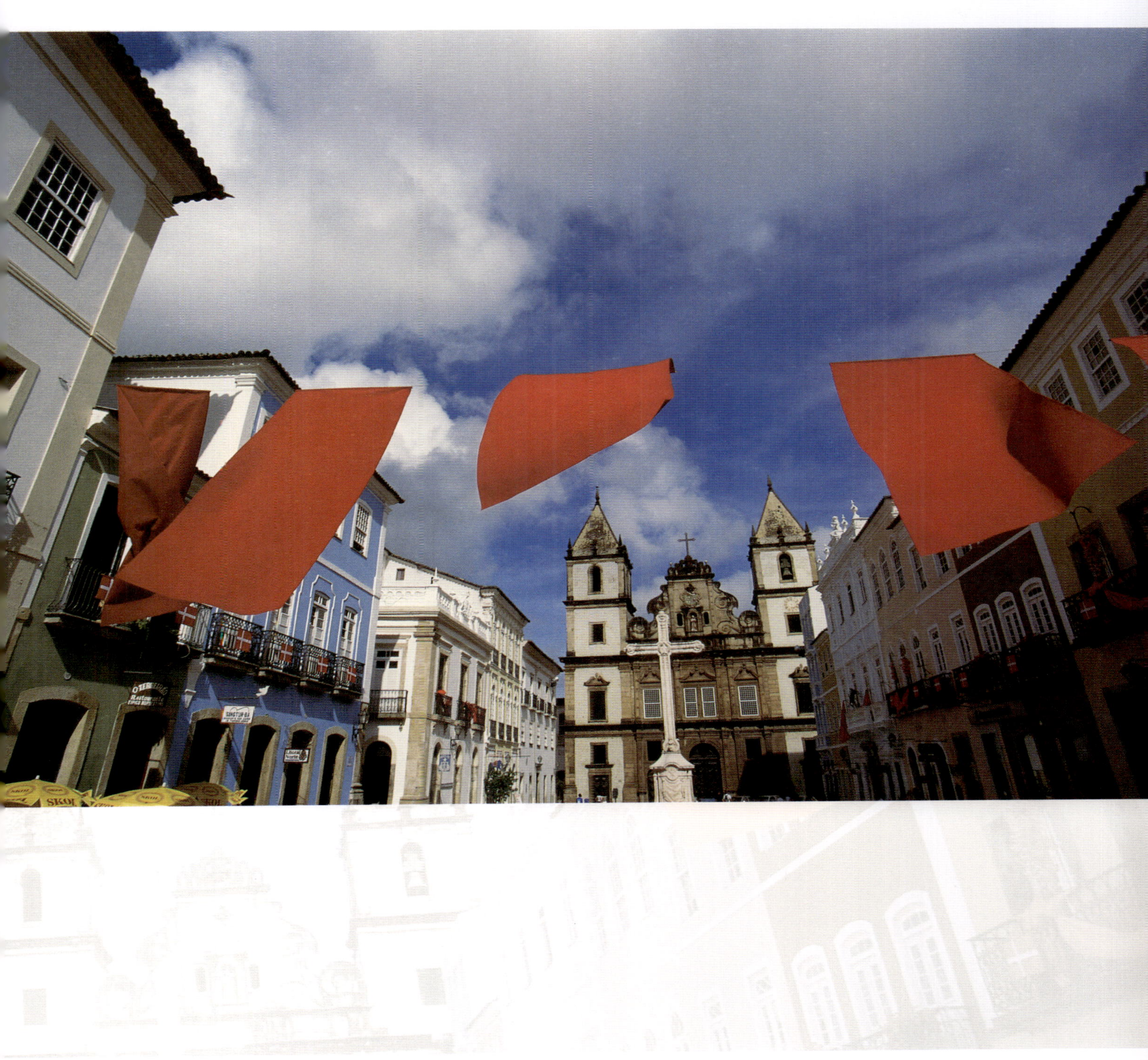
SKOL

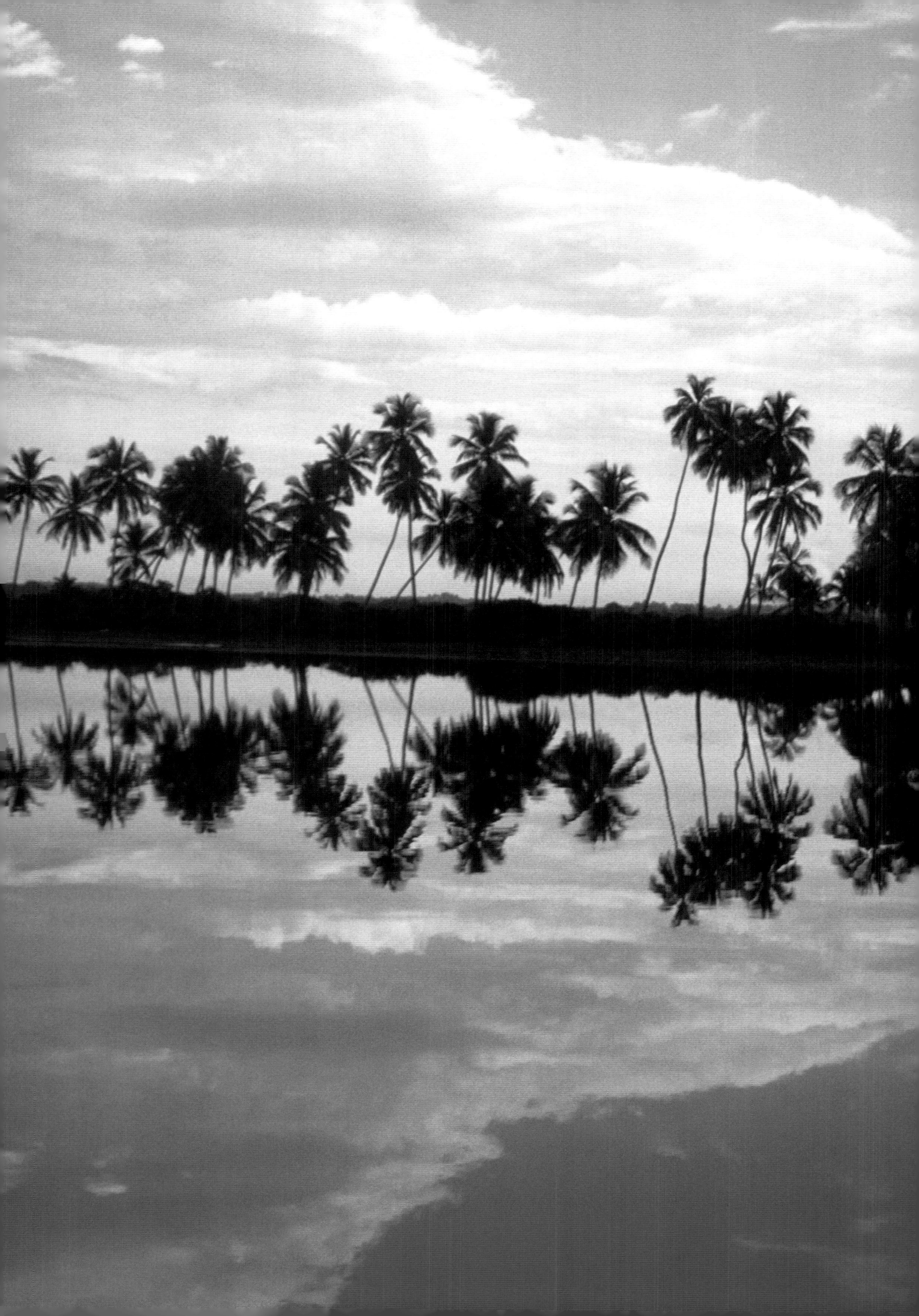

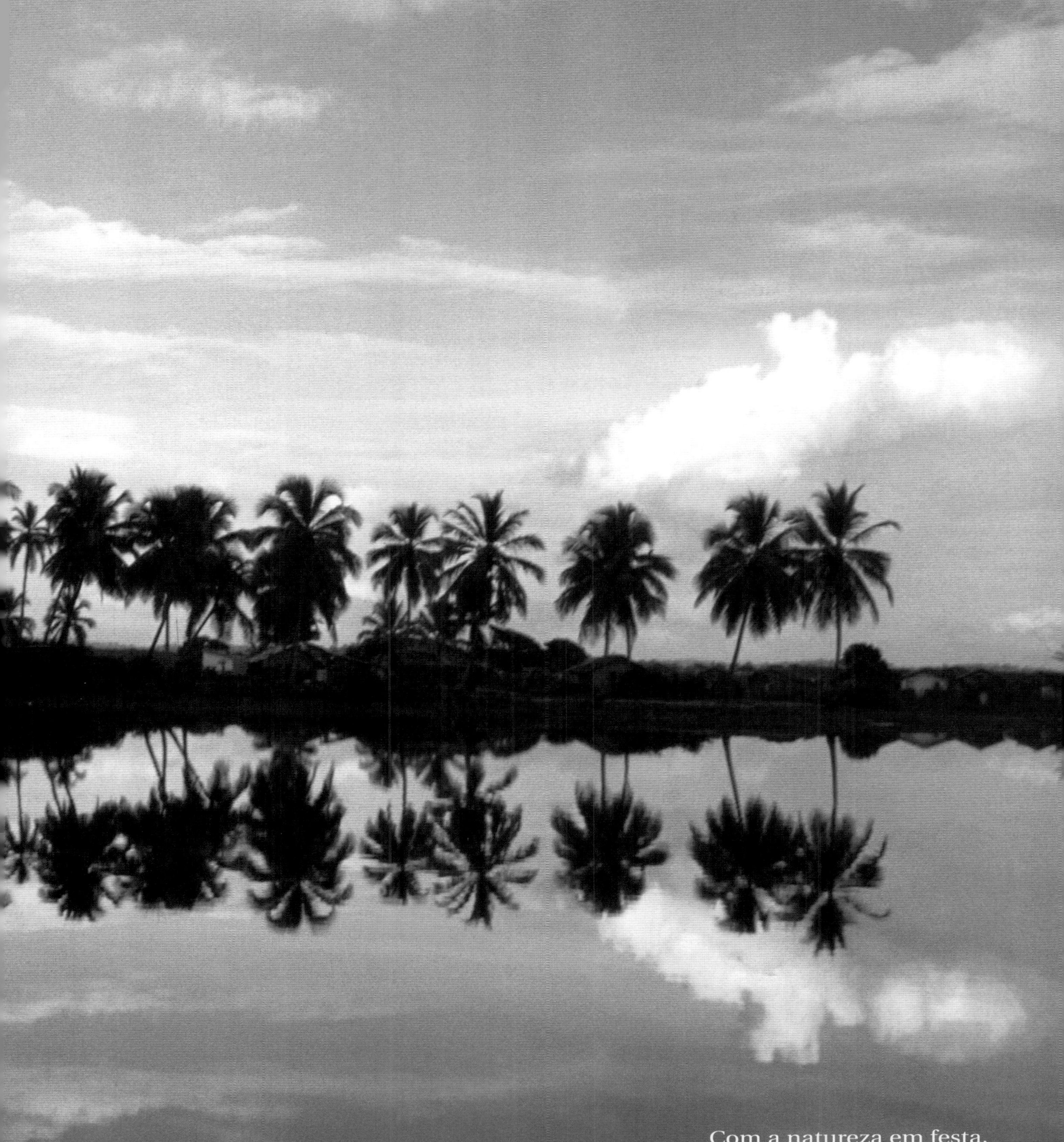

Com a natureza em festa,
o rio, vazio de mágoa,
empresta seu espelho d'água
à vaidade de nuvens e árvores.

In the pace of time and feeling of peace
nature becomes a silent feast
The river is a place free of sorrow,
tenderly making its surface
a mirror to the vanity of clouds and trees.

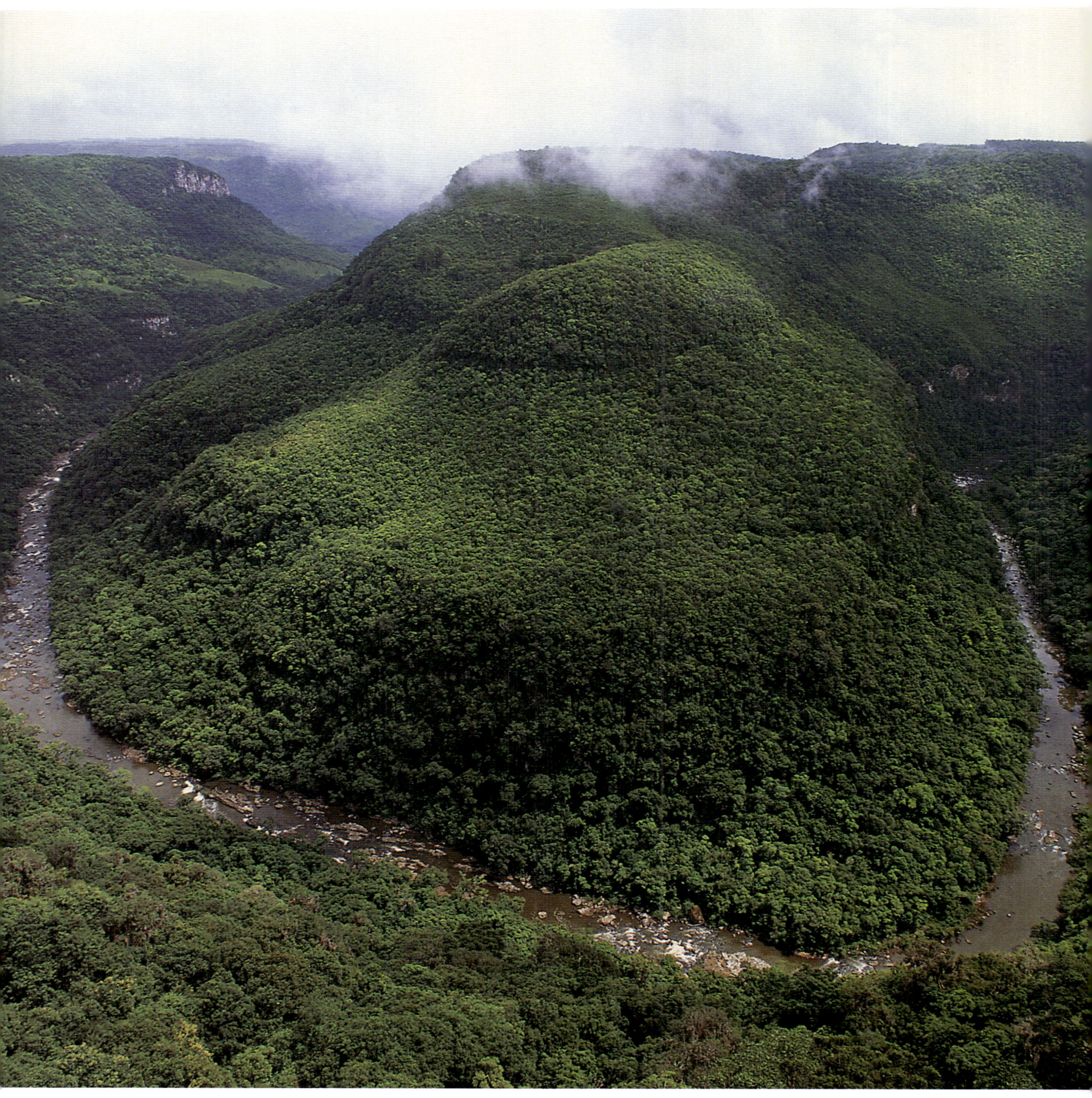

A verde montanha é quase ilha
A trilha foge do círculo
e o rio continua rio.

The green mountain is almost an island
The water does not complete the circle
The river is still a river.

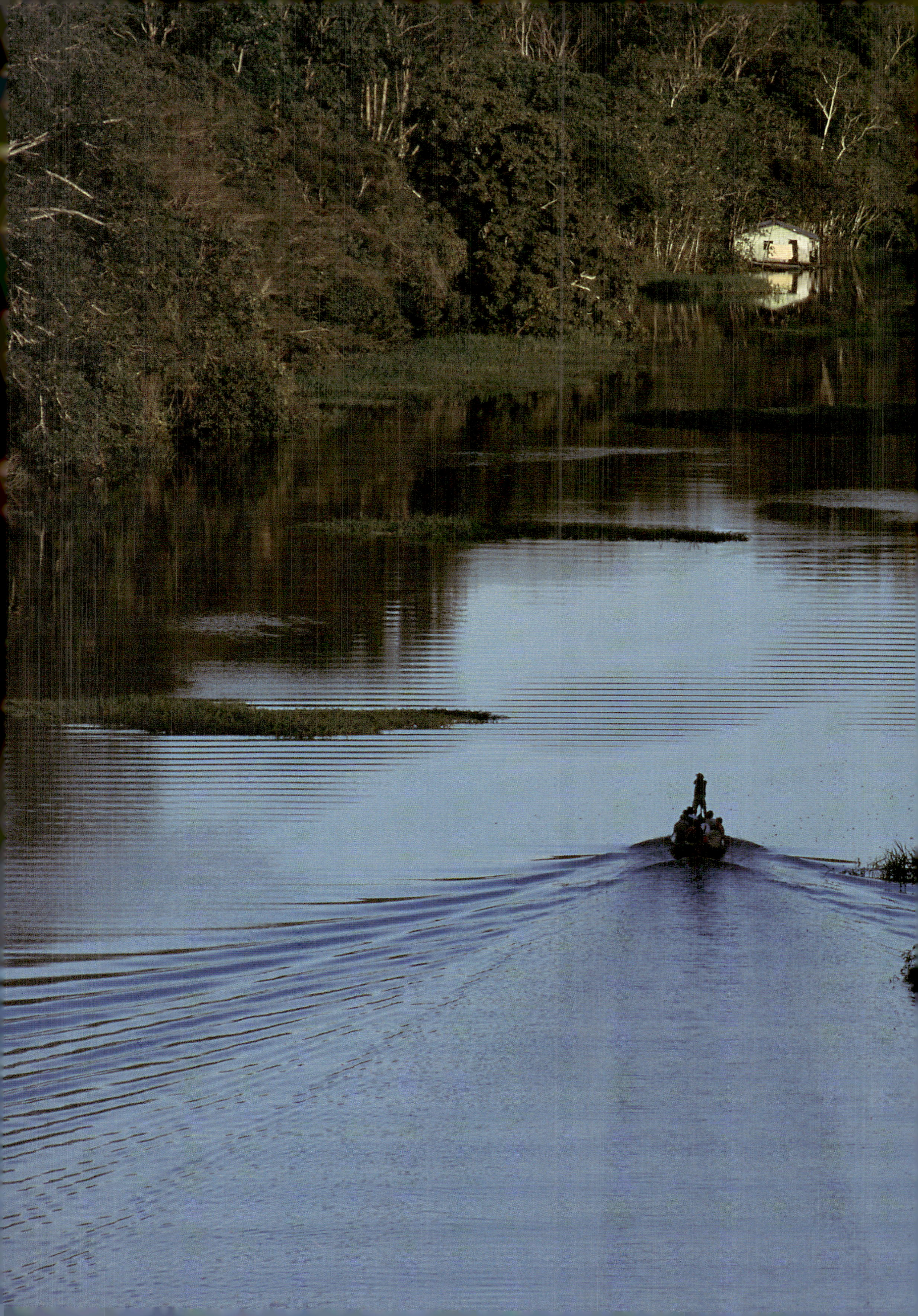

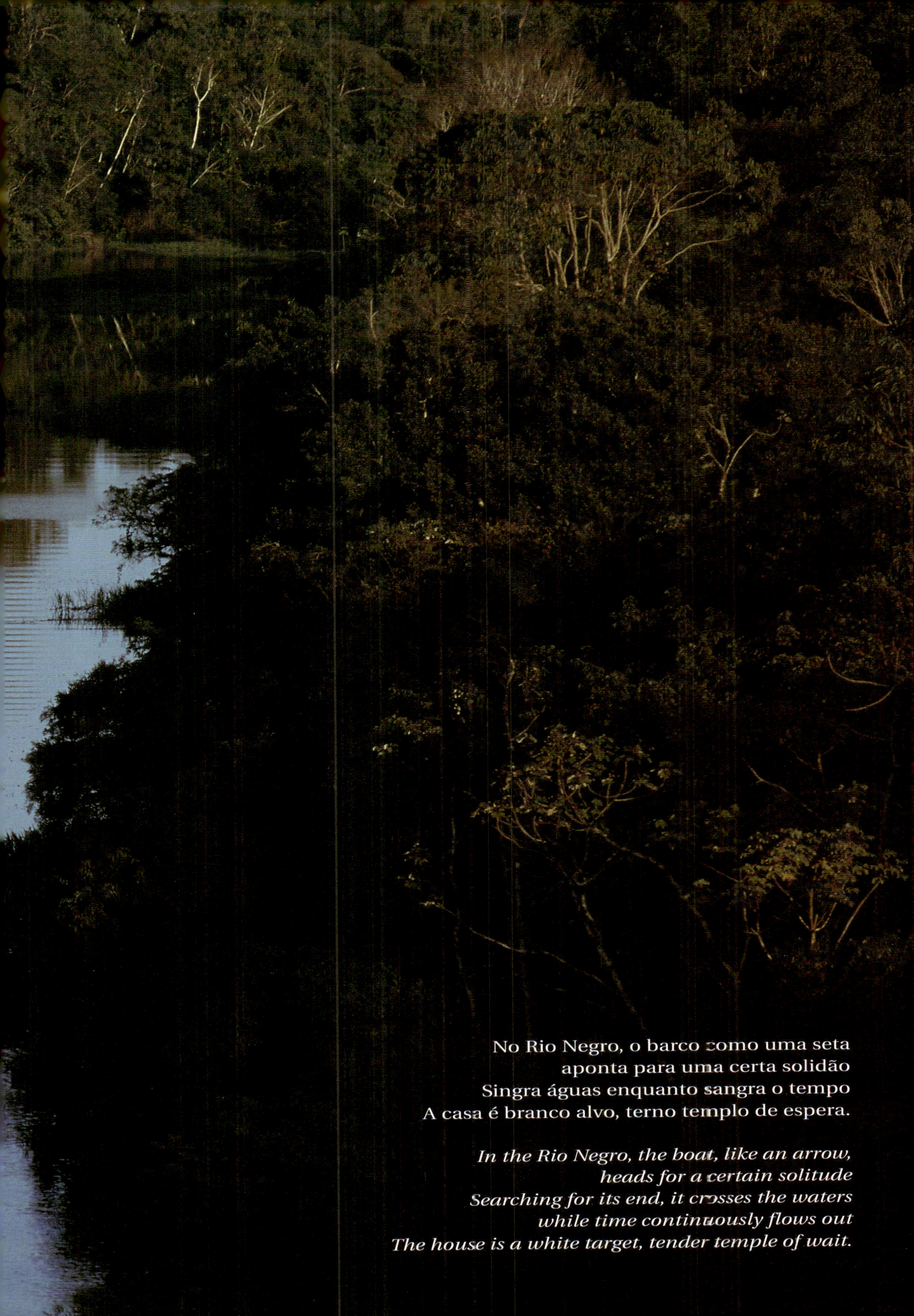

No Rio Negro, o barco como uma seta
aponta para uma certa solidão
Singra águas enquanto sangra o tempo
A casa é branco alvo, terno templo de espera.

In the Rio Negro, the boat, like an arrow,
heads for a certain solitude
Searching for its end, it crosses the waters
while time continuously flows out
The house is a white target, tender temple of wait.

O silêncio é tempo de reflexão,
mar interior em brandas explorações...
Portal de descobertas.

Silence is time, temple of reflection,
interior sea in deep and mild searches...
Silence is the gateway to new discoveries.

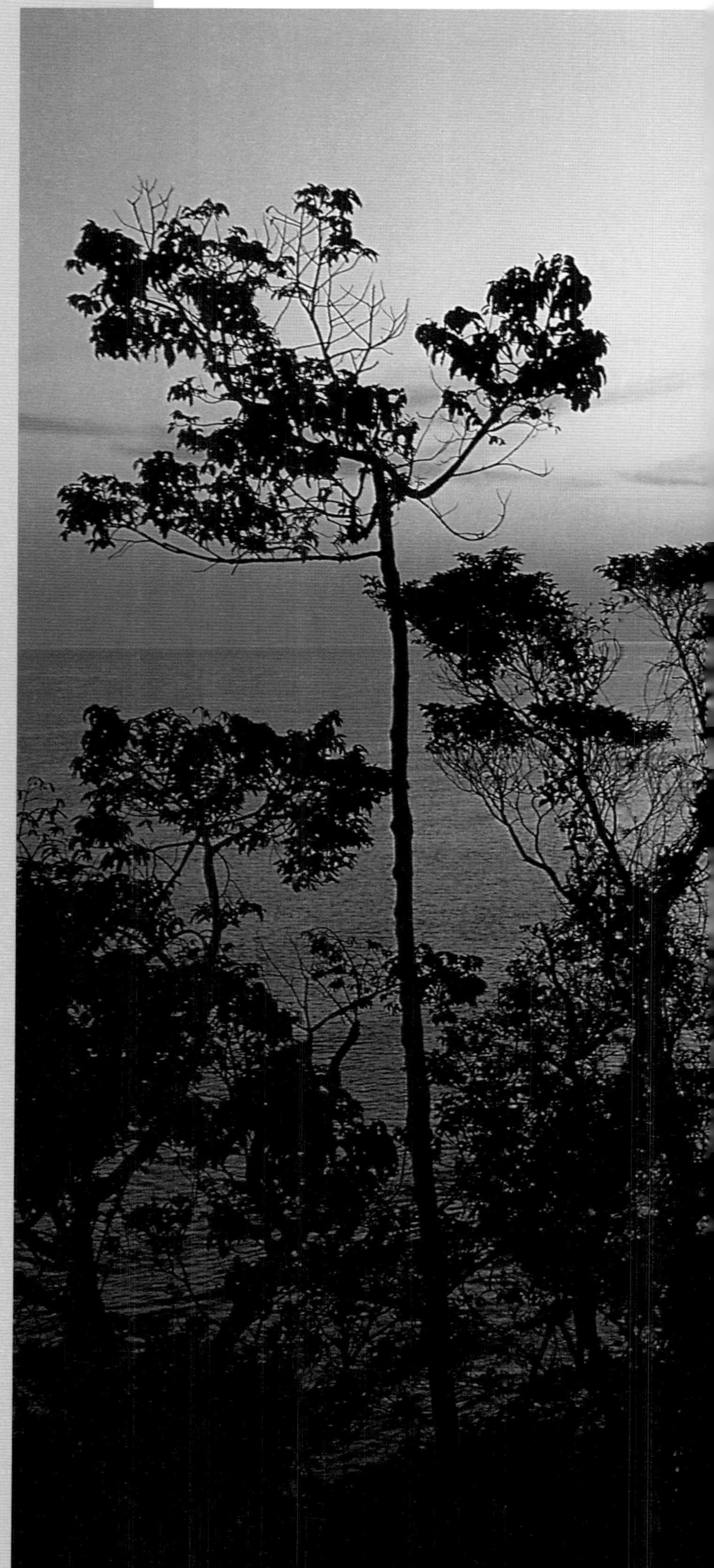

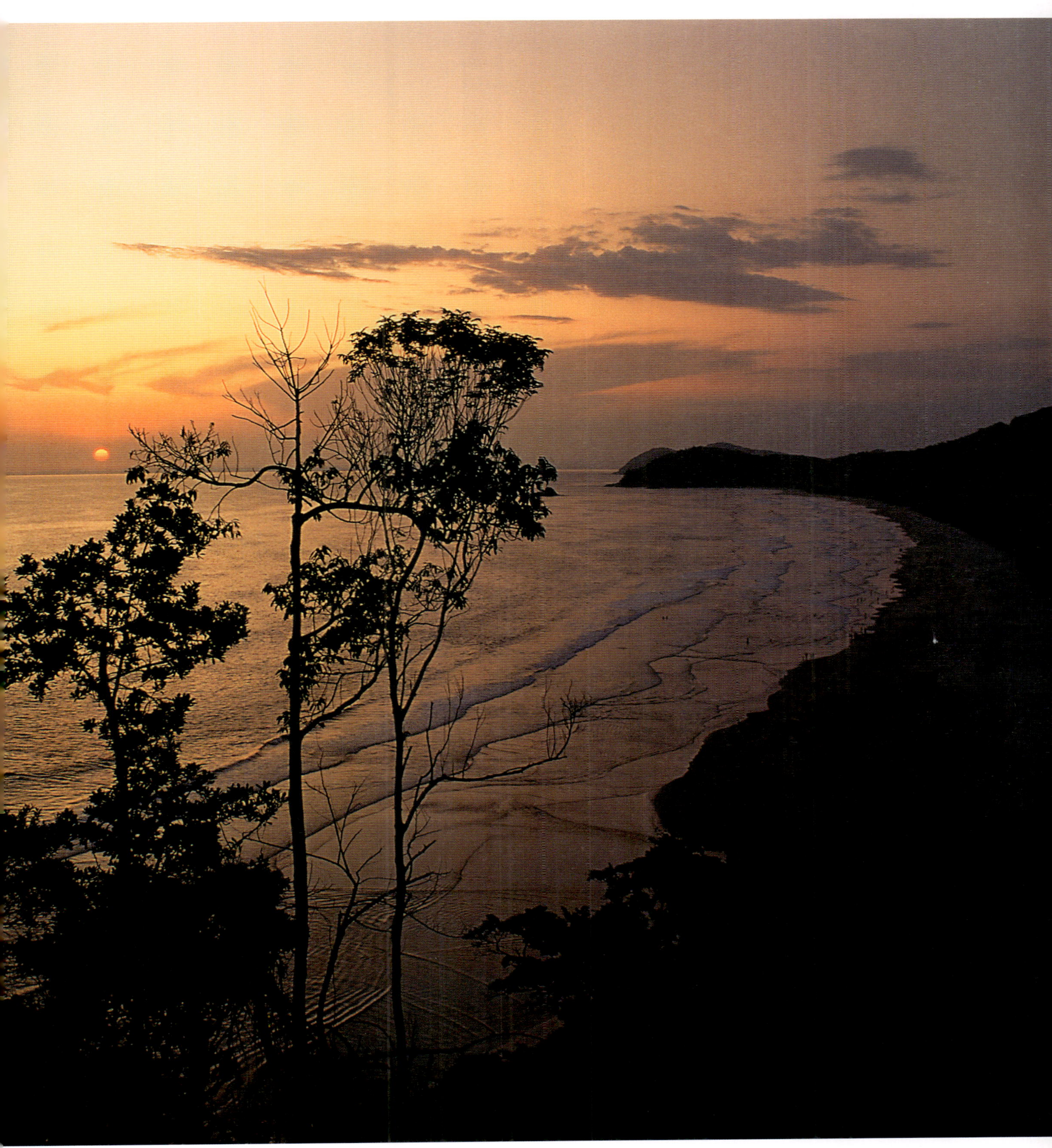

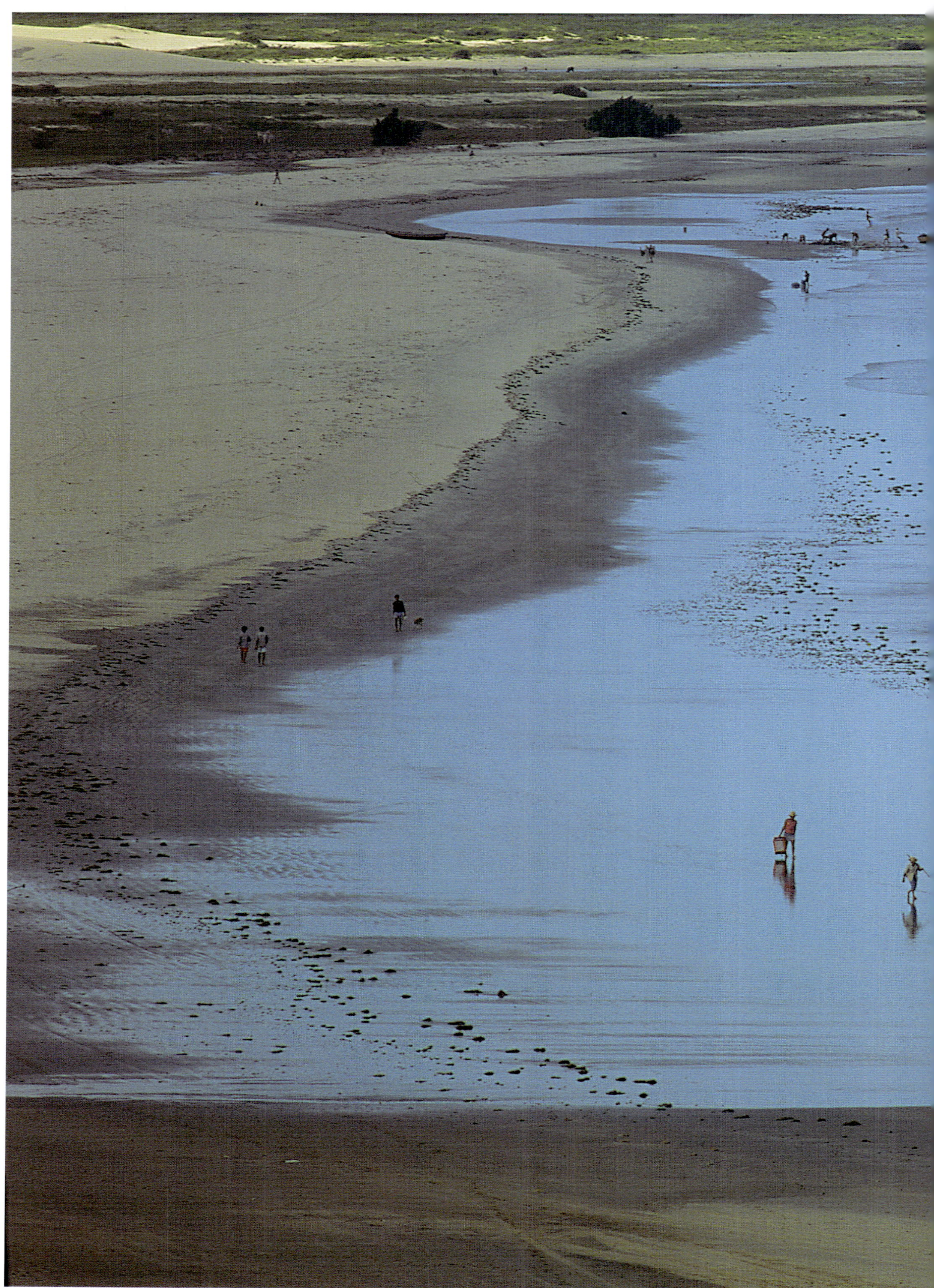

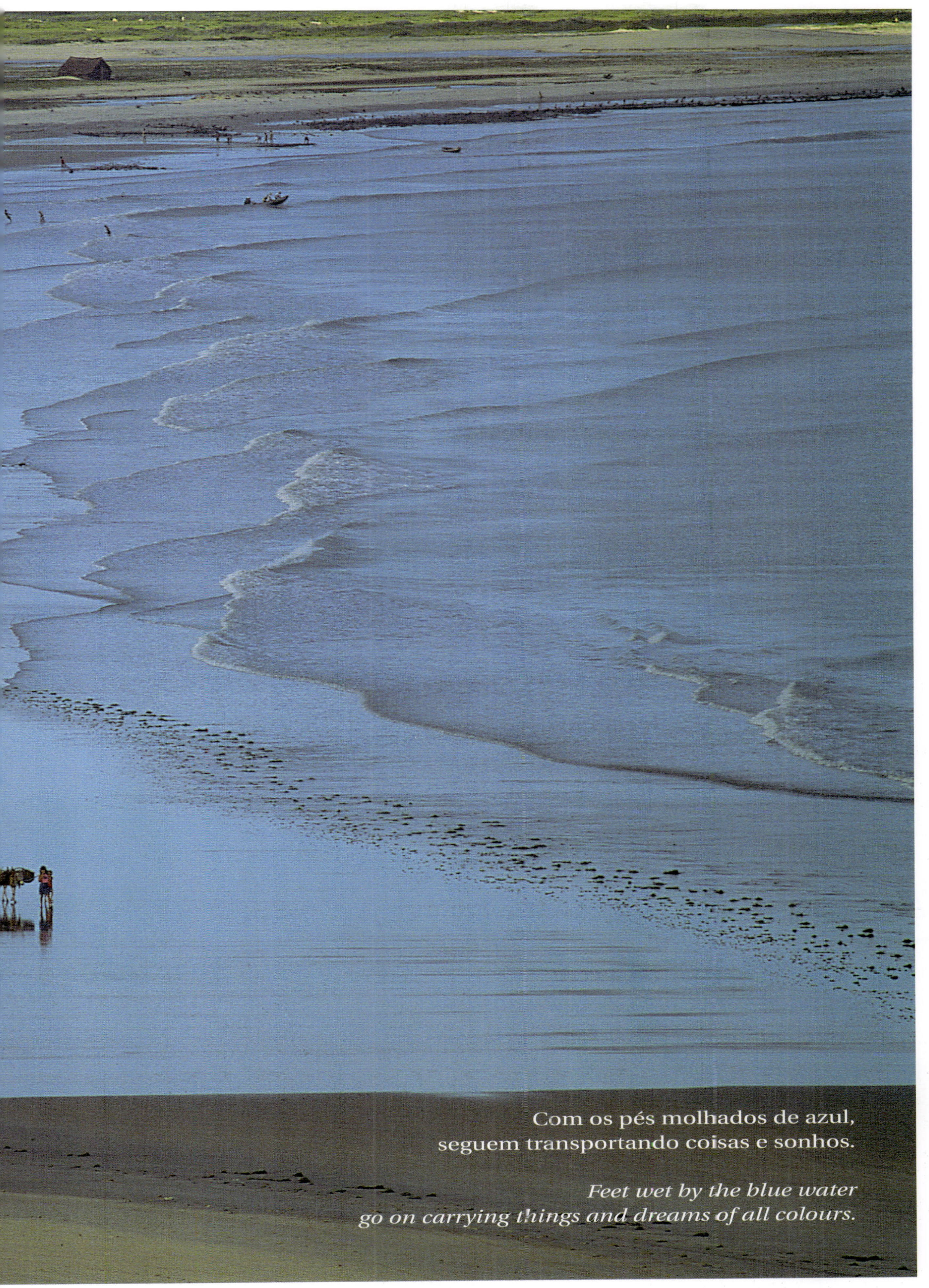

Com os pés molhados de azul,
seguem transportando coisas e sonhos.

Feet wet by the blue water
go on carrying things and dreams of all colours.

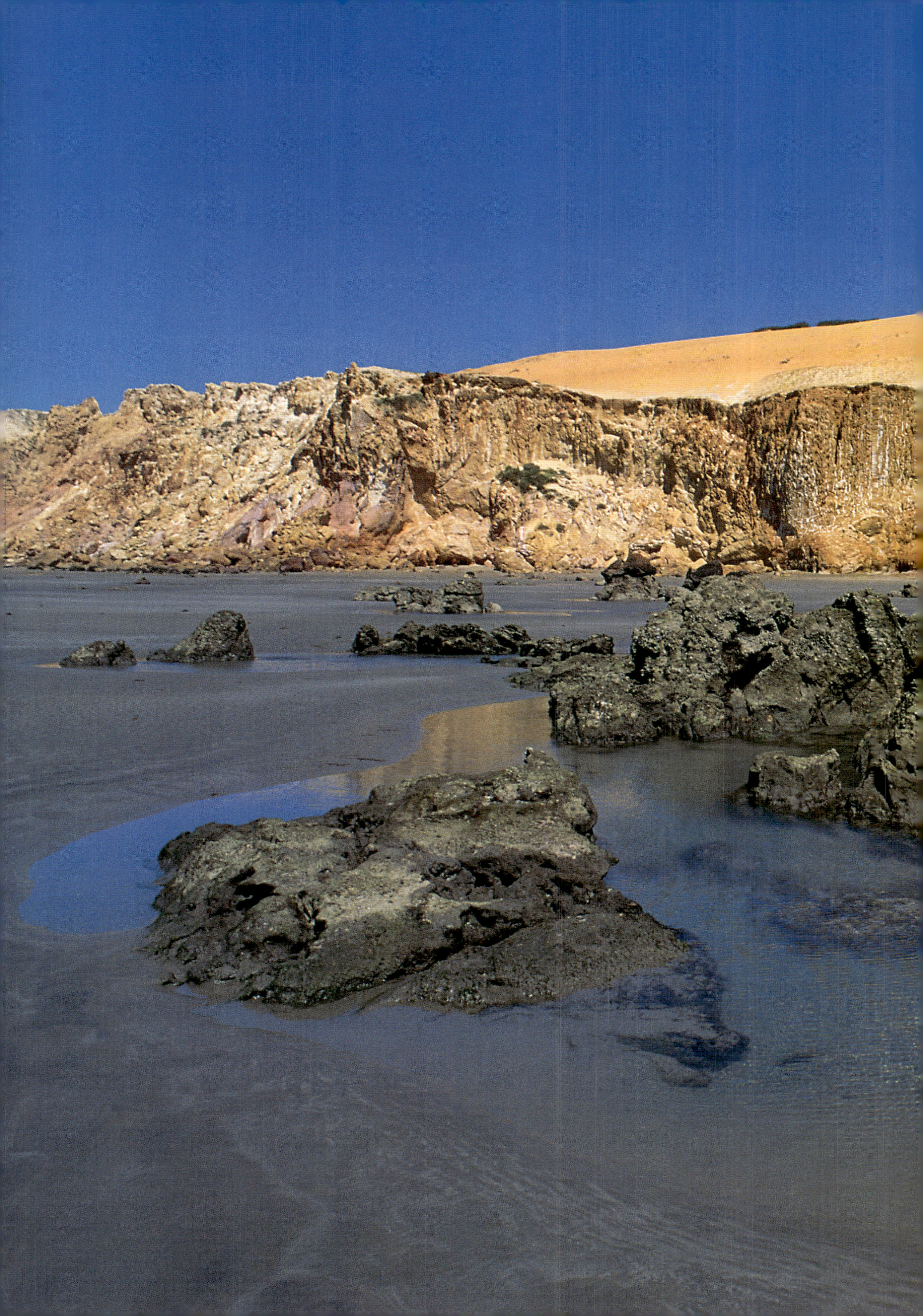

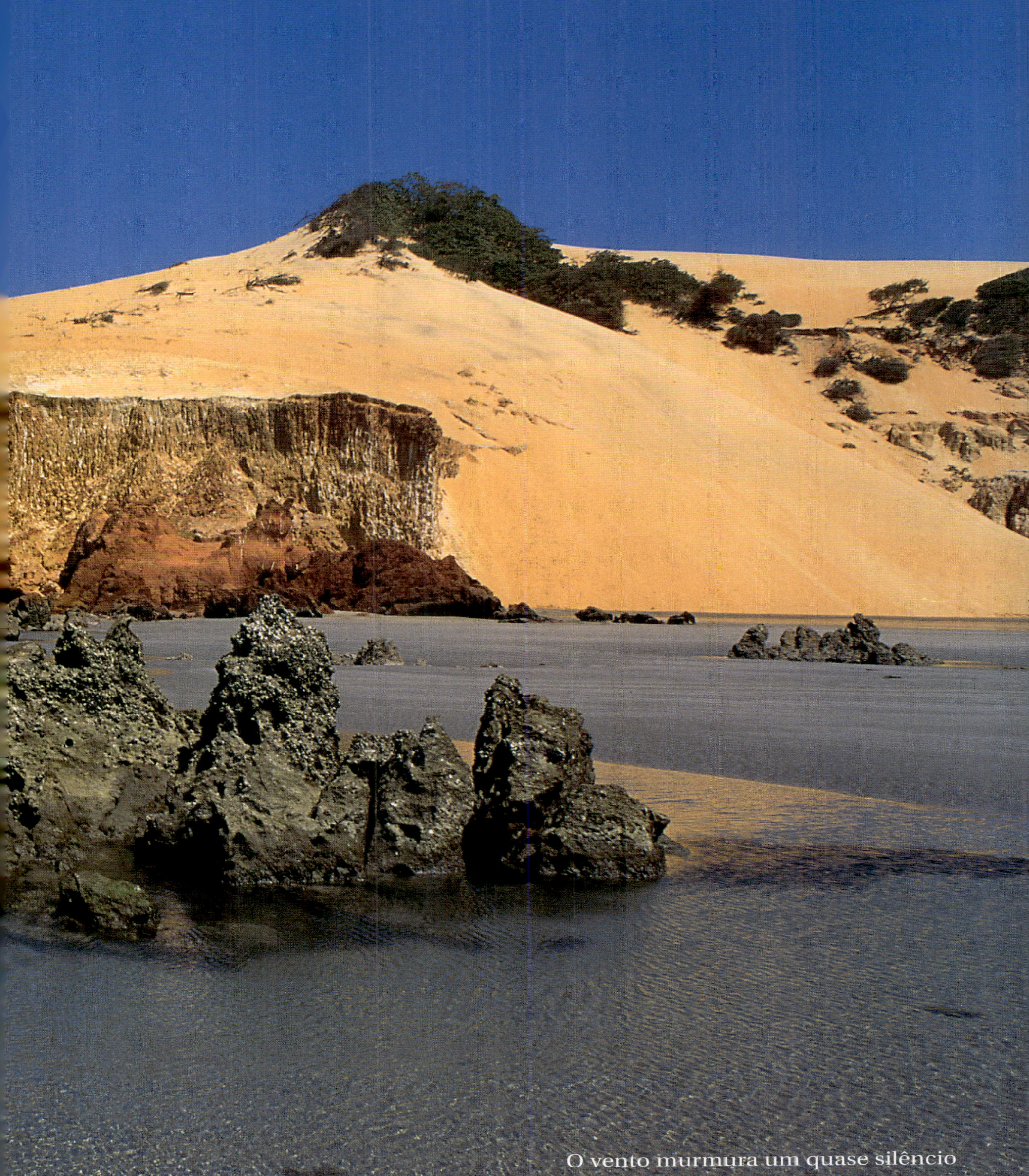

O vento murmura um quase silêncio
Ondas quebram na praia com suave reverência
O mar veste-se de verde e acalma-se
ao contemplar coloridas dunas estampadas em azul.

The sound of the wind is like a whisper
Waves touch the sand with reverence
The green sea sends signs of calmness
while contemplating dunes superposed on the blue sky.

Além de belo, tão triste este breve instante
Sobre águas e anônimos olhos úmidos
refletem-se os fogos de artifício...
Logo, o início de um novo ano.

Beautiful and so sad this short moment...
On the sea and eyes shedding tears
are reflected the colours and glitter of the fireworks
Soon, the breaking of the New Year.

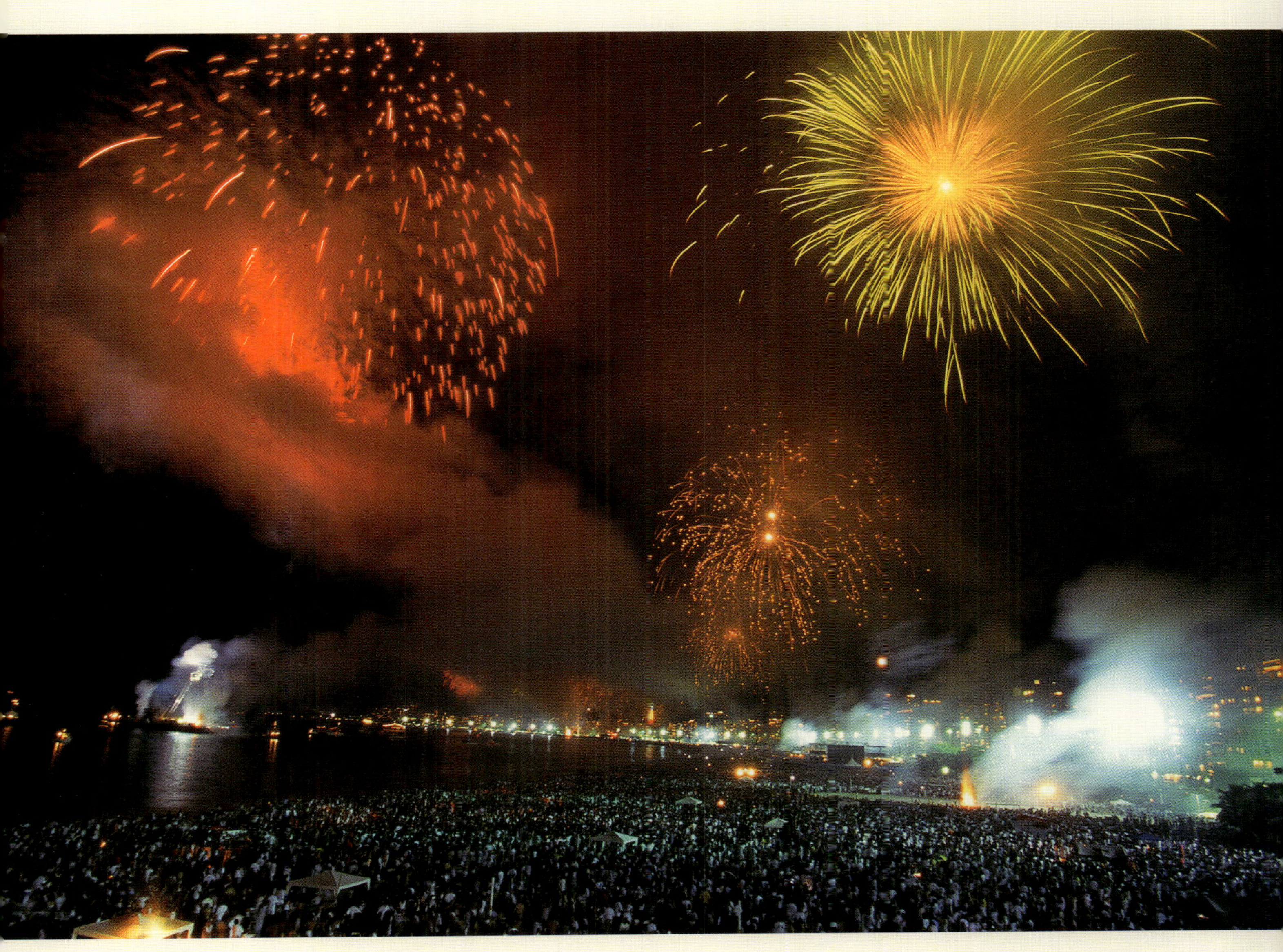

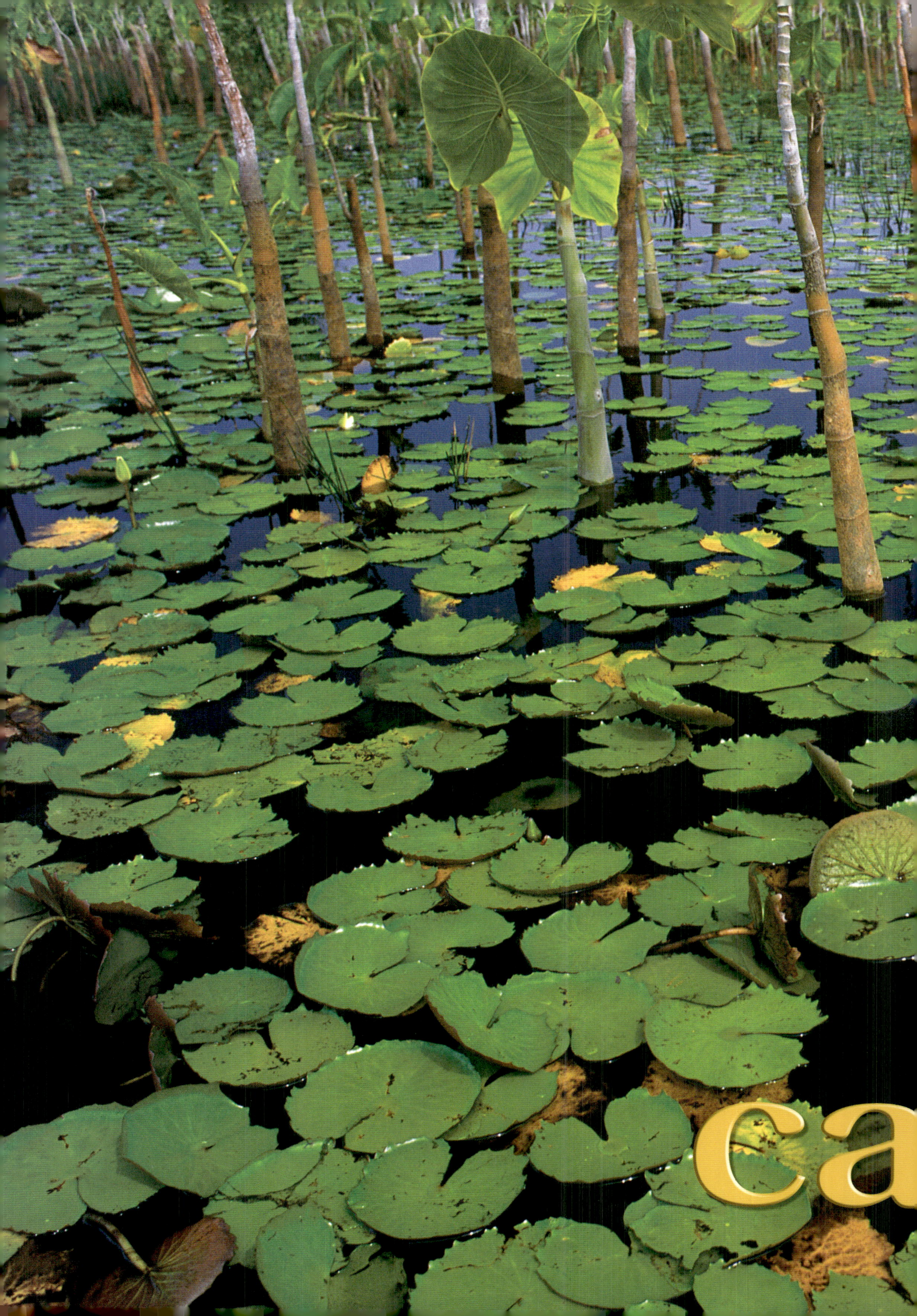
ca

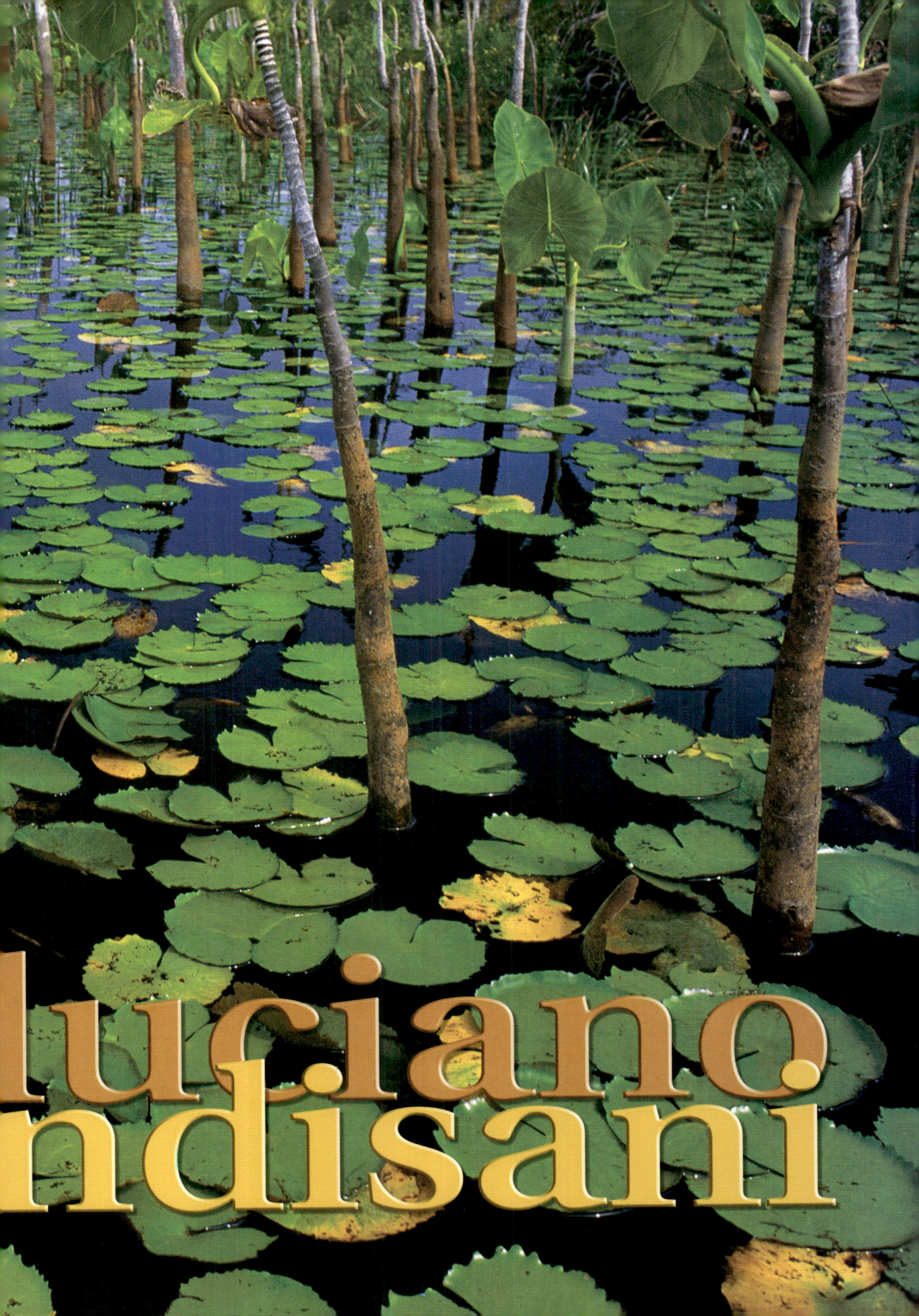
luciano.
ndisani

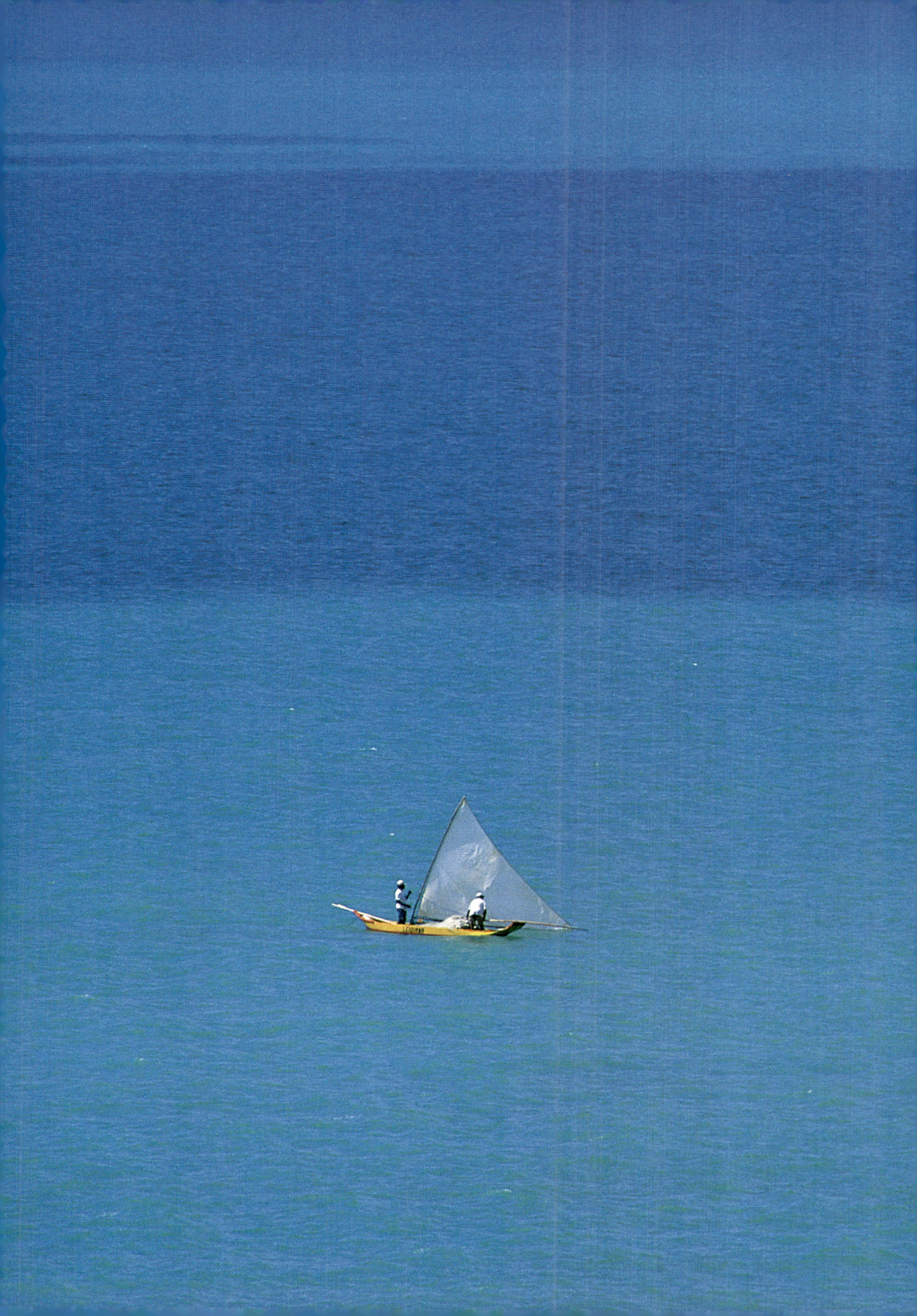

O barco, lento,
desliza no vasto mar...
Cancelas não há
Somente a vontade
de nunca atracar.

To the boat, slowly sliding on the great sea,
there will be no more gates...
Only the fate to never moor.

Sem despertar suspeita, tudo espreita
Apesar do peso, pisa macio
Logo, de novo o silêncio, o vazio.

Coming without causing any suspicion
it watches everything while waiting
Despite its weight, it steps softly
Soon, once again, silence and emptiness.

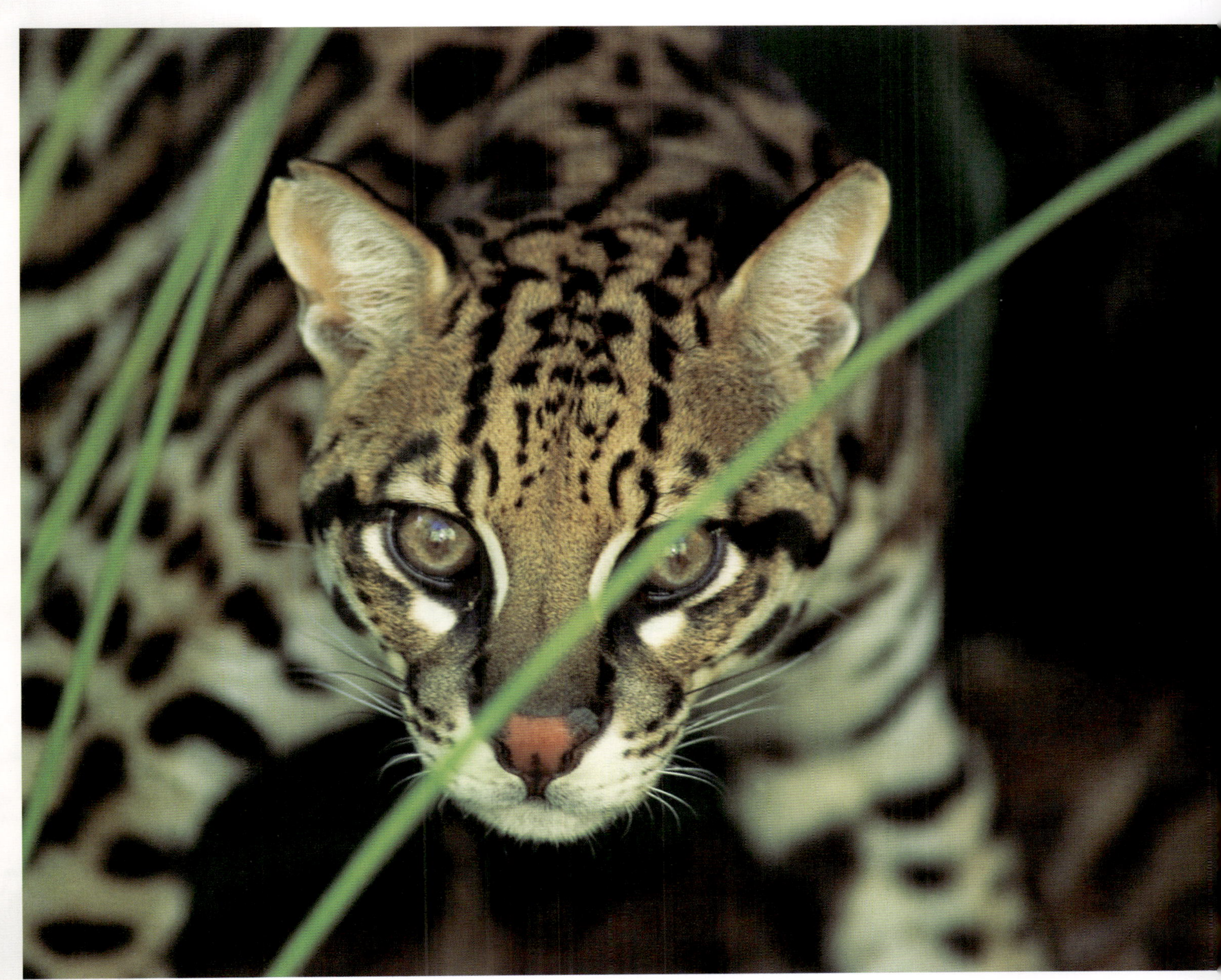

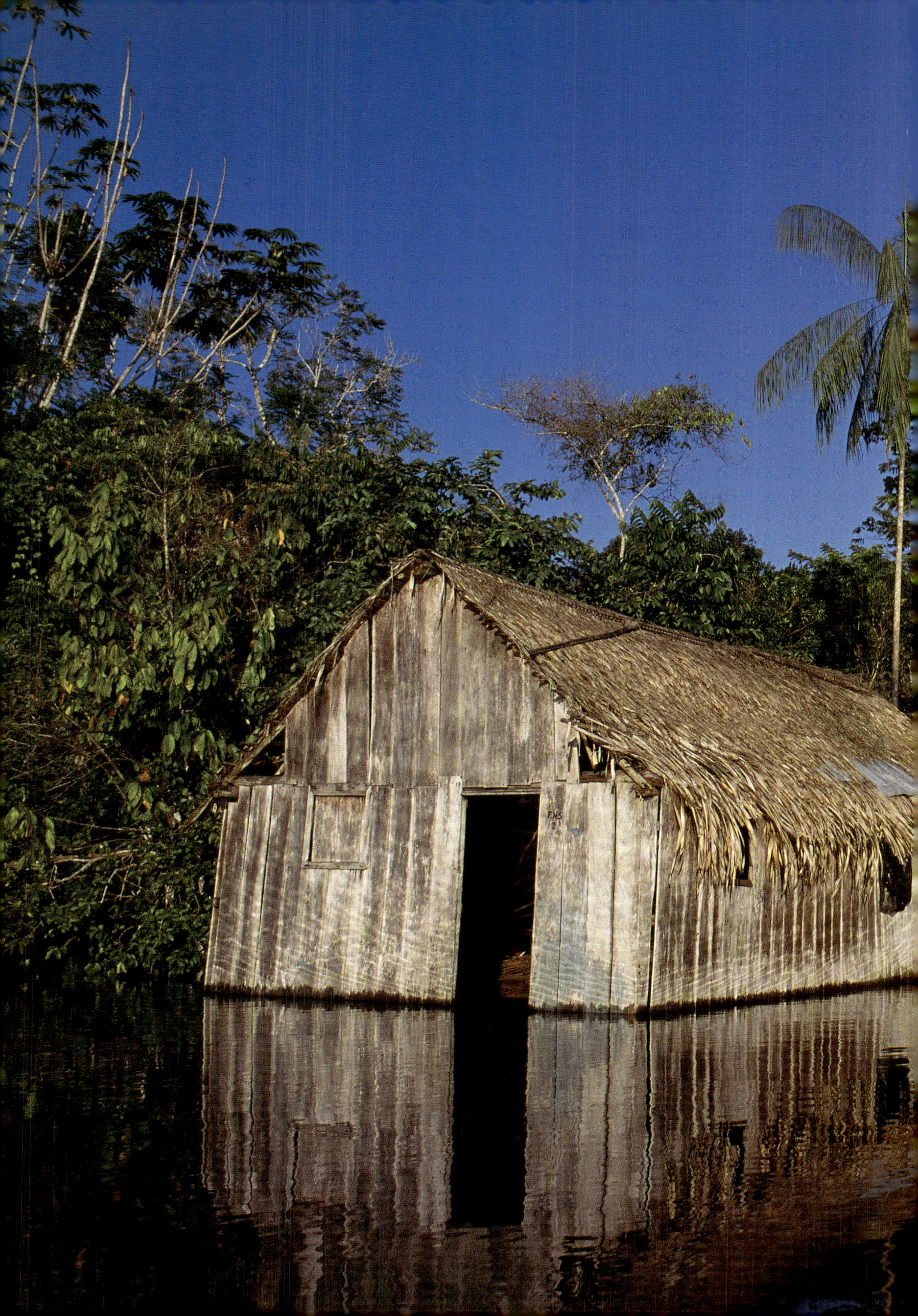

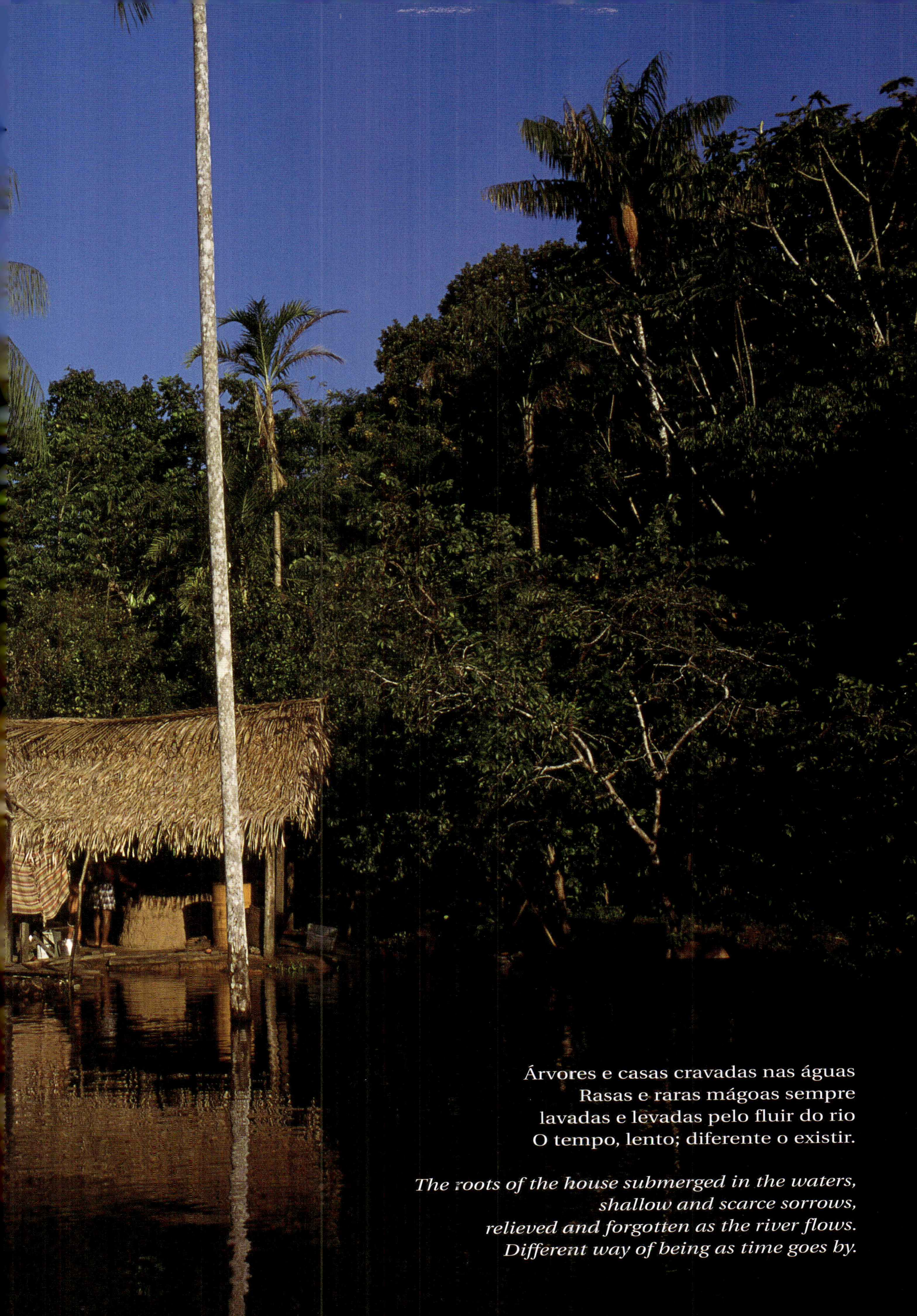

Árvores e casas cravadas nas águas
Rasas e raras mágoas sempre
lavadas e levadas pelo fluir do rio
O tempo, lento; diferente o existir.

The roots of the house submerged in the waters,
shallow and scarce sorrows,
relieved and forgotten as the river flows.
Different way of being as time goes by.

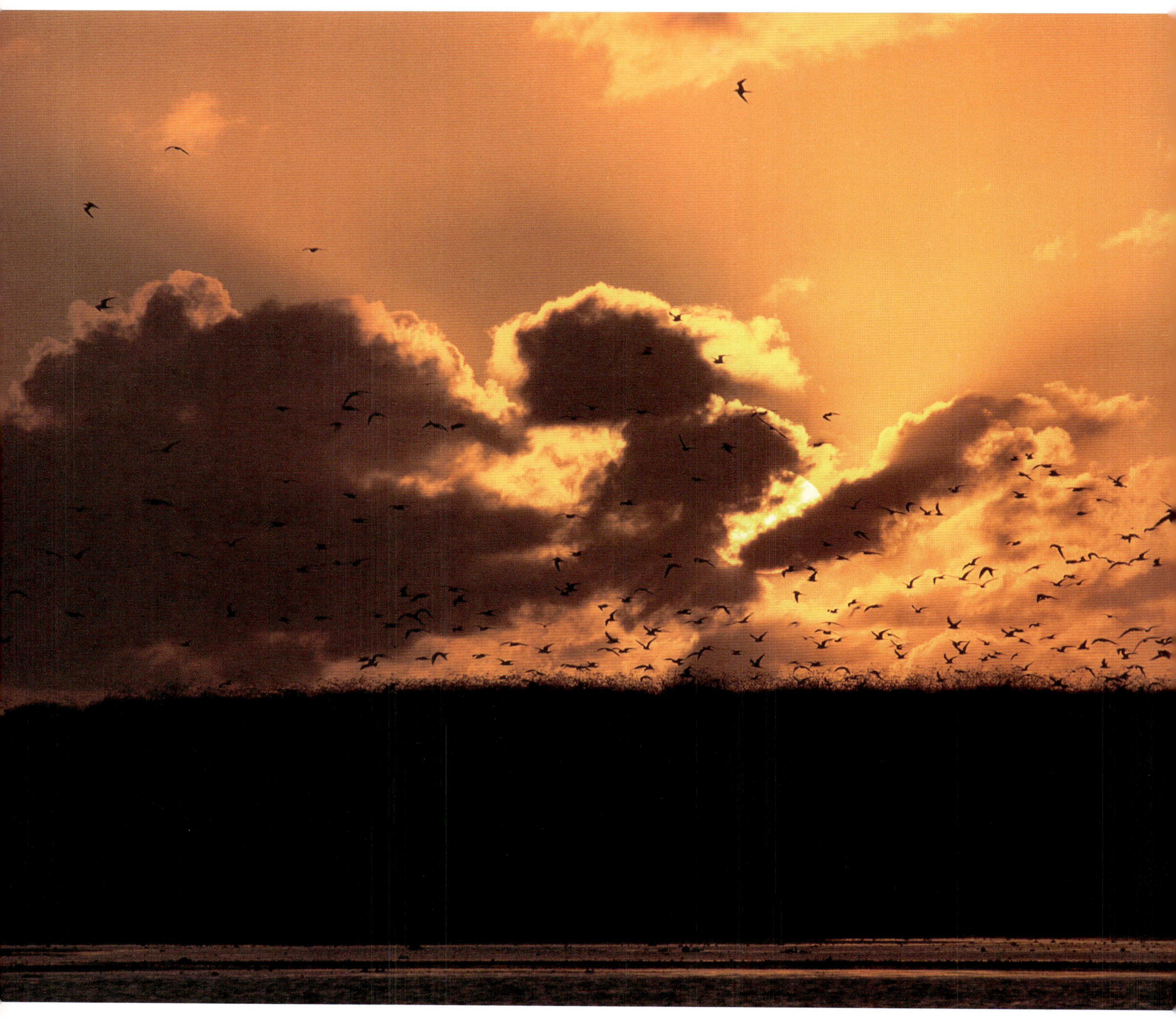

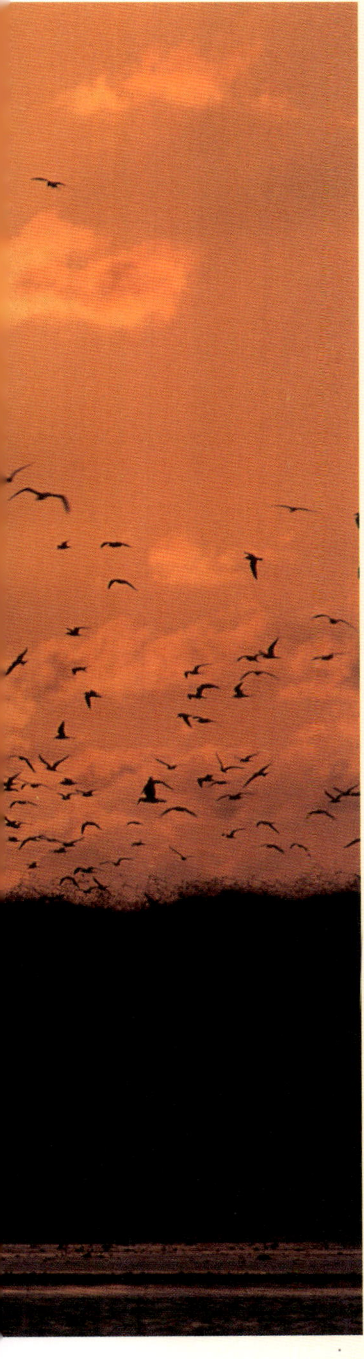

Quando no fim da tarde o sol, aos poucos, fenece
tudo mais parece uma bela pintura...
Por ela pássaros passam sem que possam penetrar.

At nightfall the sunset
seems to be a rich painting
over which so many birds fly
as if they were not part of it.

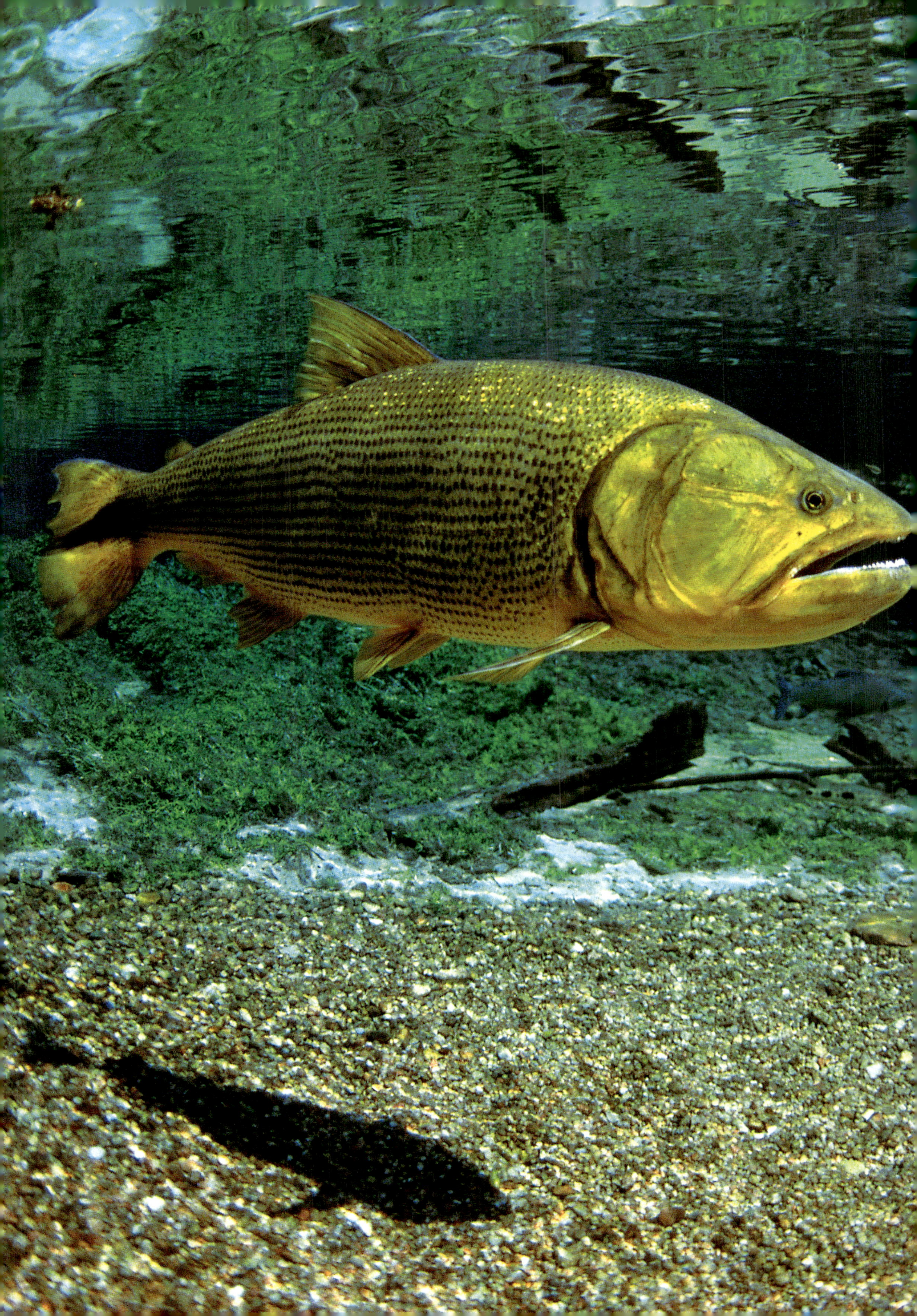

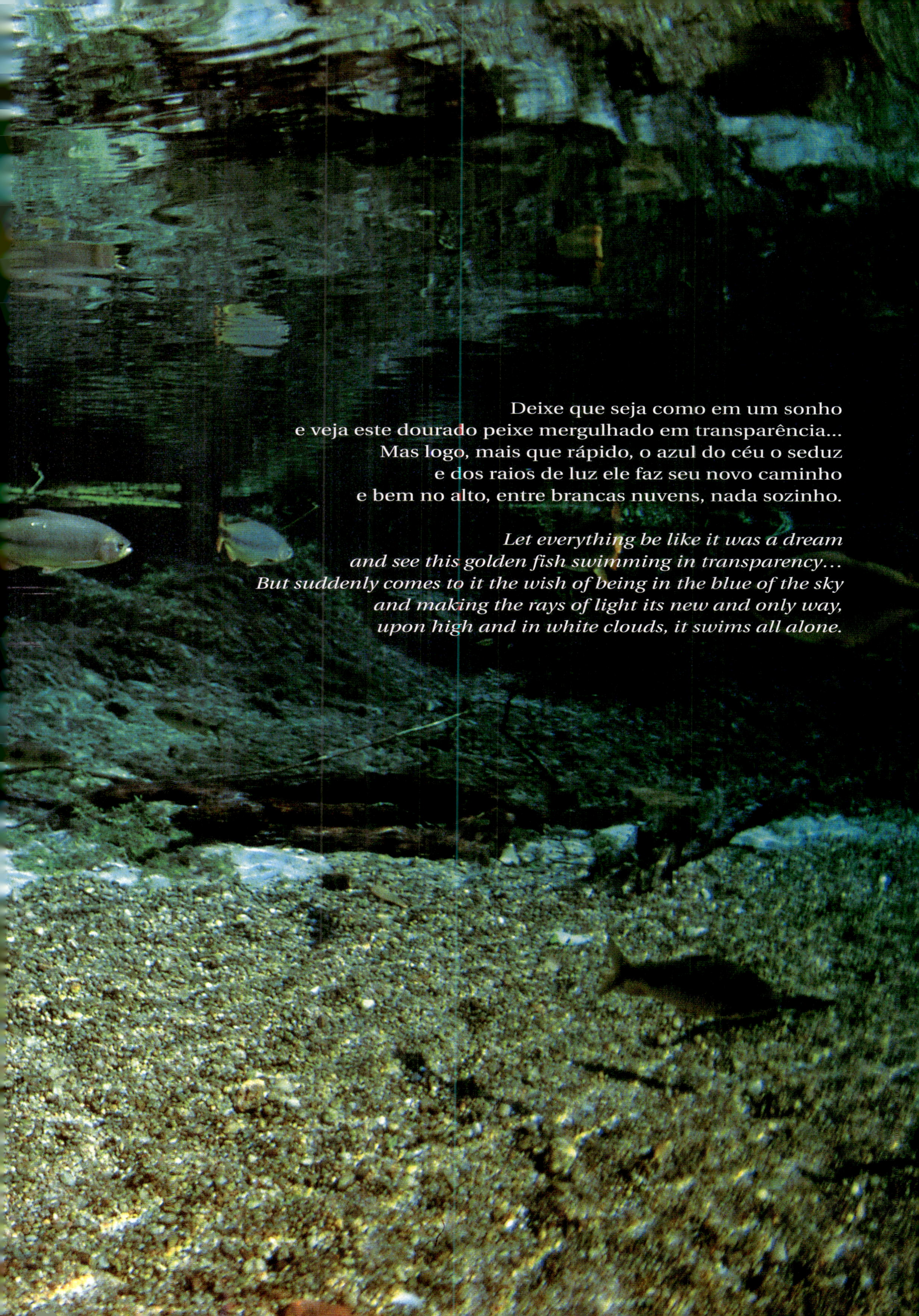

Deixe que seja como em um sonho
e veja este dourado peixe mergulhado em transparência...
Mas logo, mais que rápido, o azul do céu o seduz
e dos raios de luz ele faz seu novo caminho
e bem no alto, entre brancas nuvens, nada sozinho.

Let everything be like it was a dream
and see this golden fish swimming in transparency...
But suddenly comes to it the wish of being in the blue of the sky
and making the rays of light its new and only way,
upon high and in white clouds, it swims all alone.

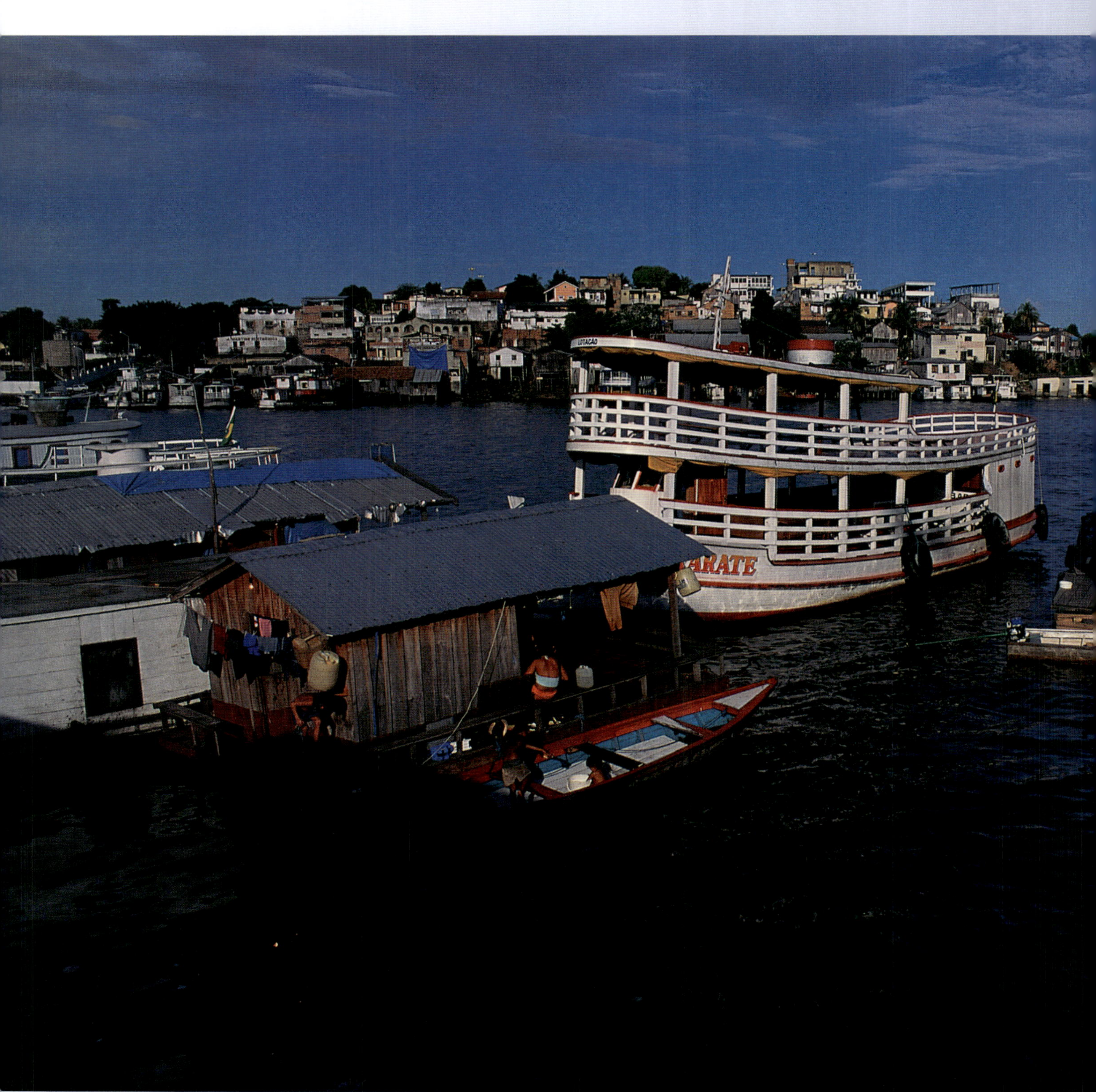
LOTAÇÃO

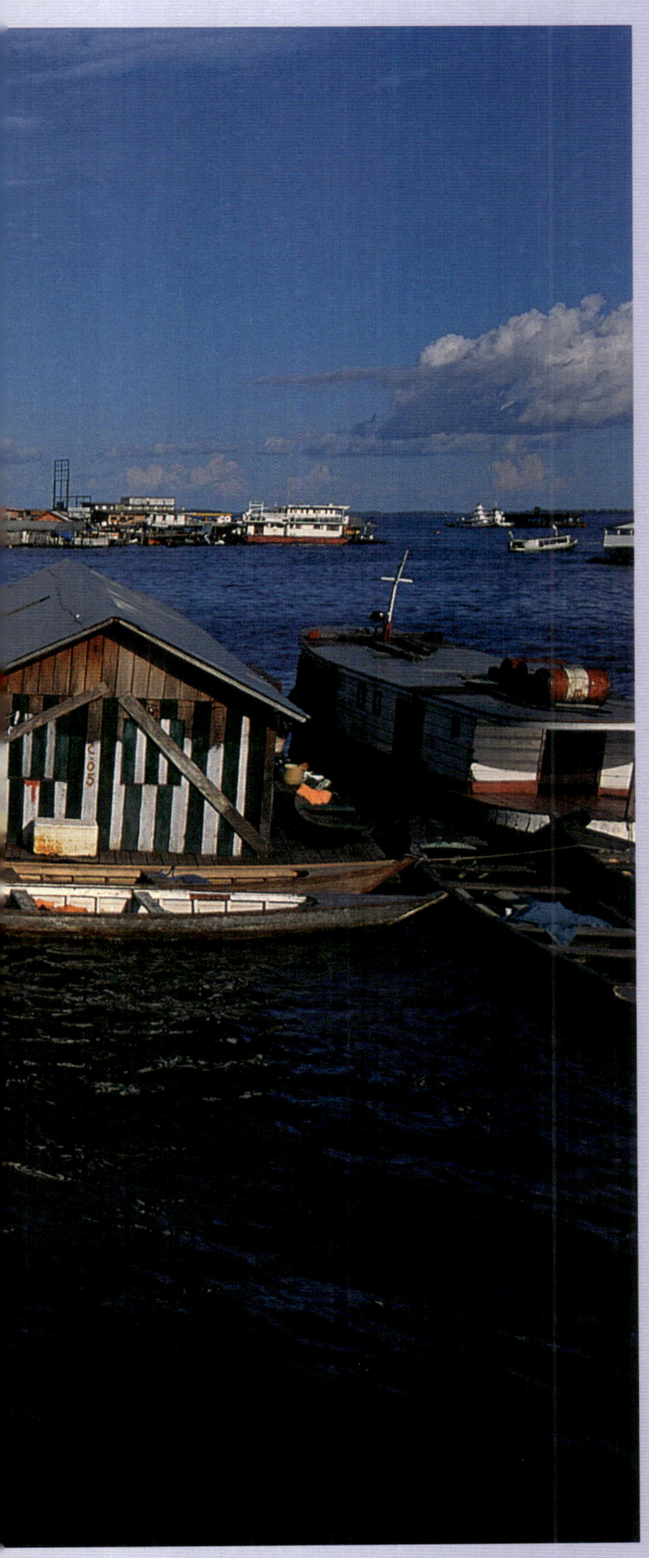

O rio diminui sua sede de só rio ser
e entre barcos cede espaço,
abrindo os braços para casas acolher.

The river lessens its thirst of being only a river
and between boats cedes space
so that new homes it can embrace.

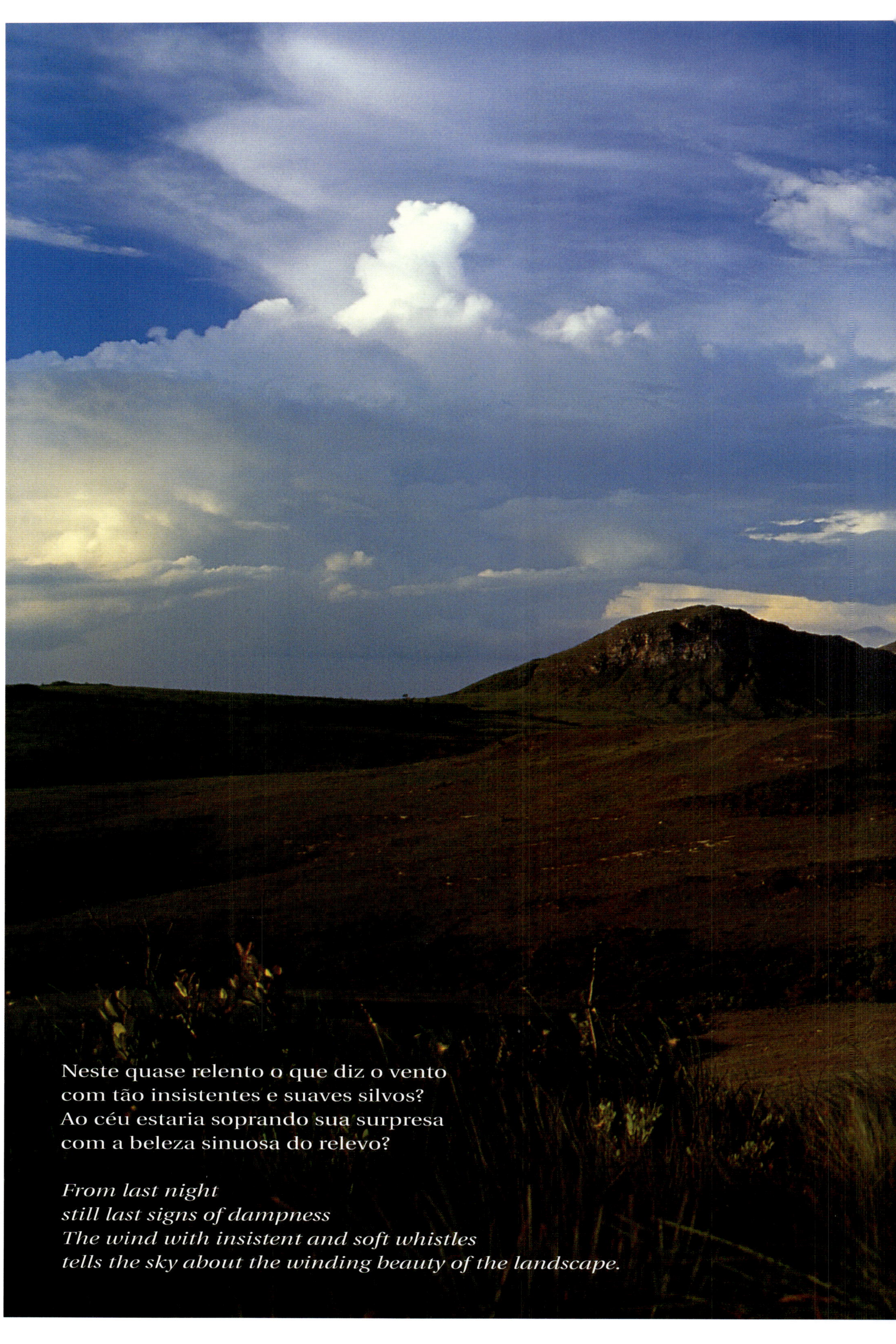

Neste quase relento o que diz o vento
com tão insistentes e suaves silvos?
Ao céu estaria soprando sua surpresa
com a beleza sinuosa do relevo?

From last night
still last signs of dampness
The wind with insistent and soft whistles
tells the sky about the winding beauty of the landscape.

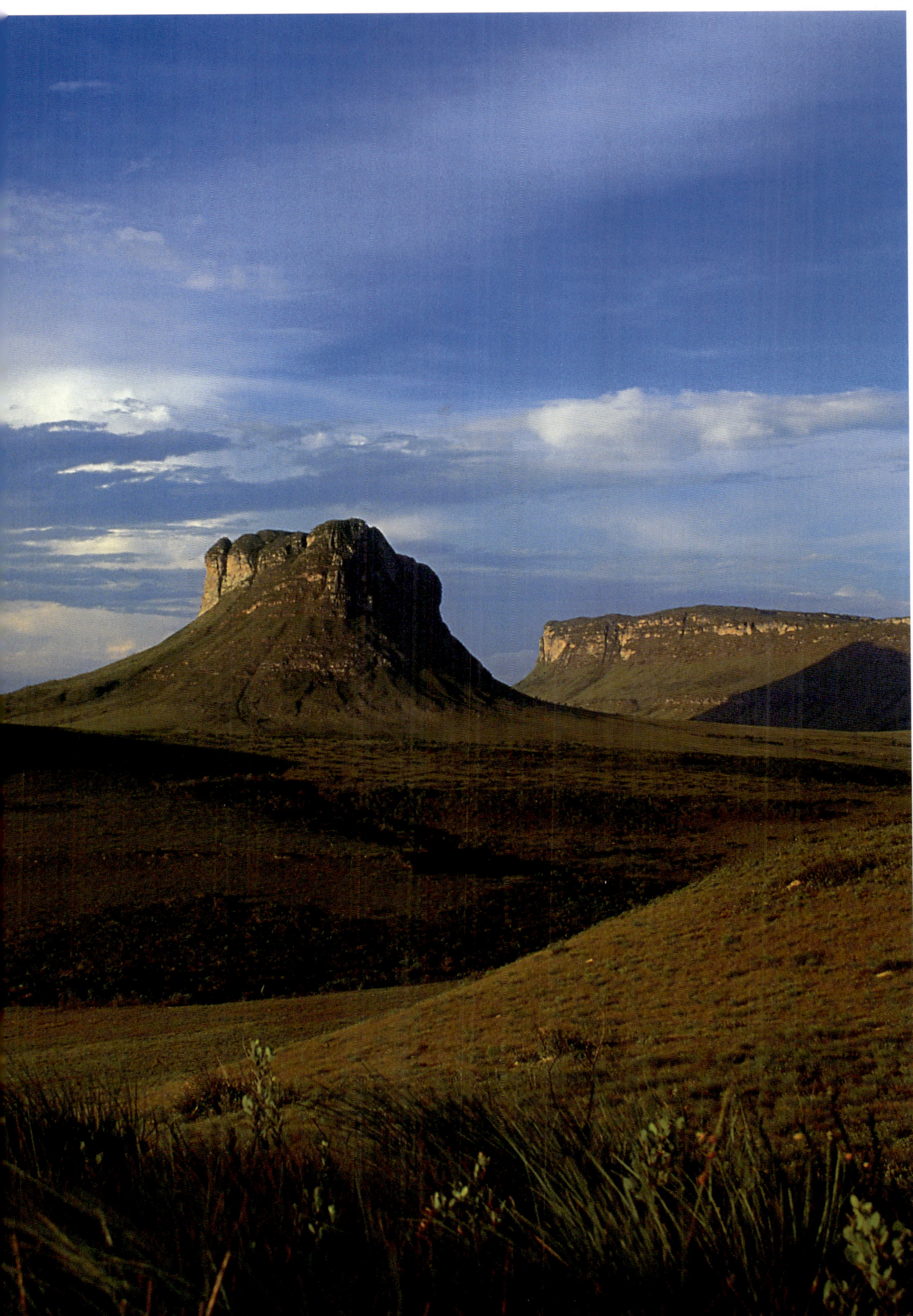

O movimento
de tão belas nuvens sugere calmo
que tudo é somente uma eterna transitoriedade.

*The constant movement
of such beautiful clouds
is a calm suggestion that everything is
but an eternal transitoriness.*

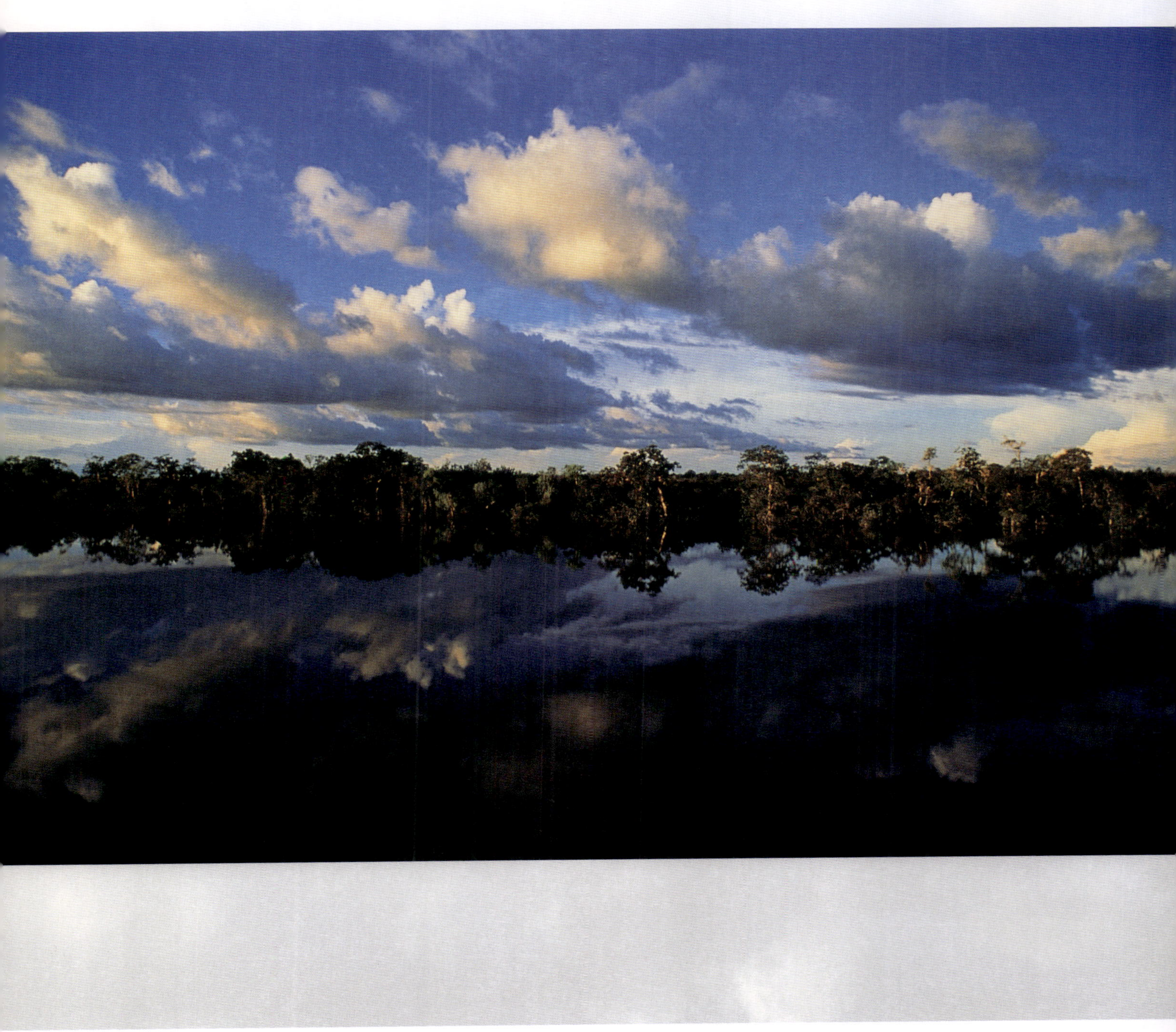

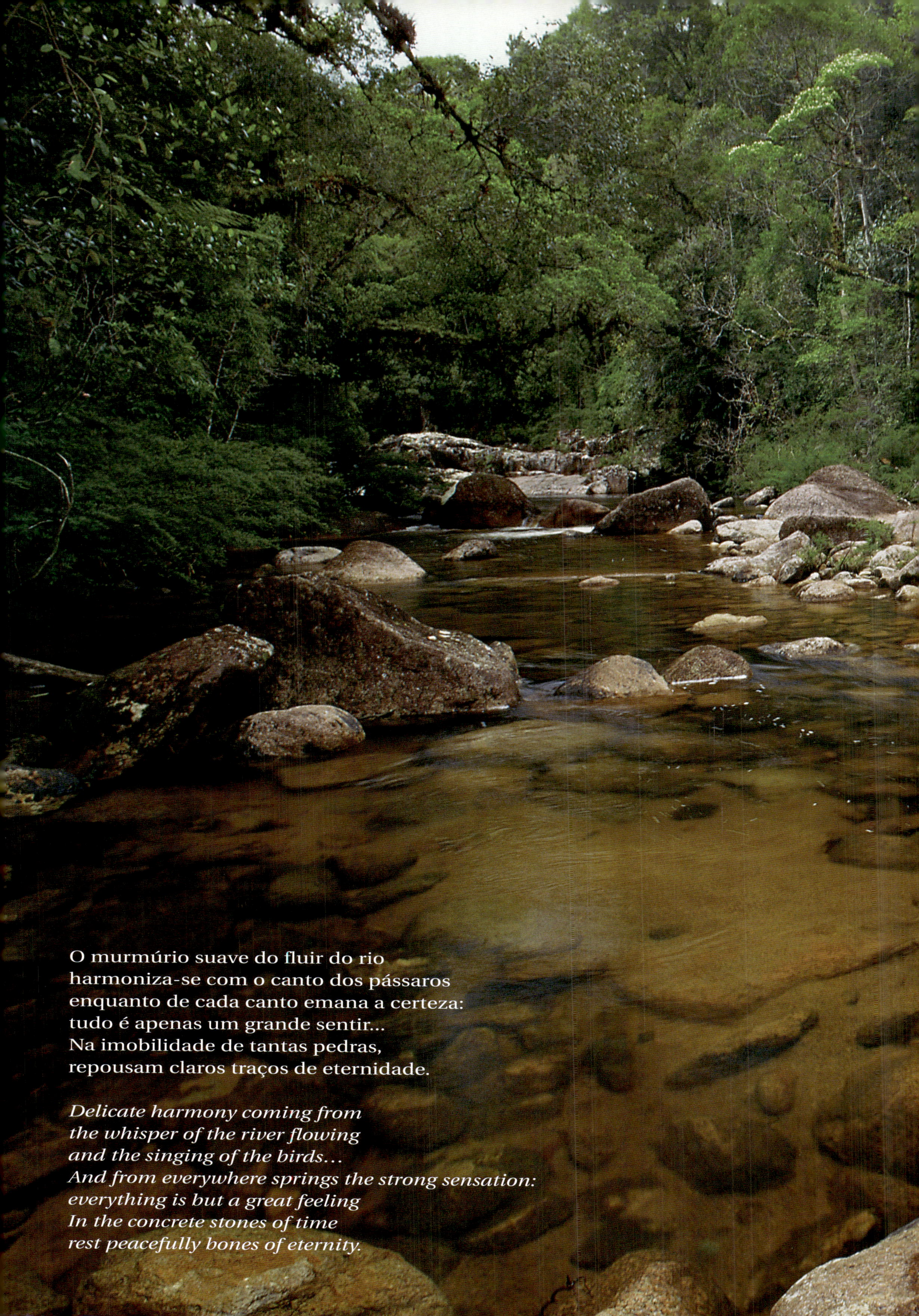

O murmúrio suave do fluir do rio
harmoniza-se com o canto dos pássaros
enquanto de cada canto emana a certeza:
tudo é apenas um grande sentir...
Na imobilidade de tantas pedras,
repousam claros traços de eternidade.

Delicate harmony coming from
the whisper of the river flowing
and the singing of the birds...
And from everywhere springs the strong sensation:
everything is but a great feeling
In the concrete stones of time
rest peacefully bones of eternity.

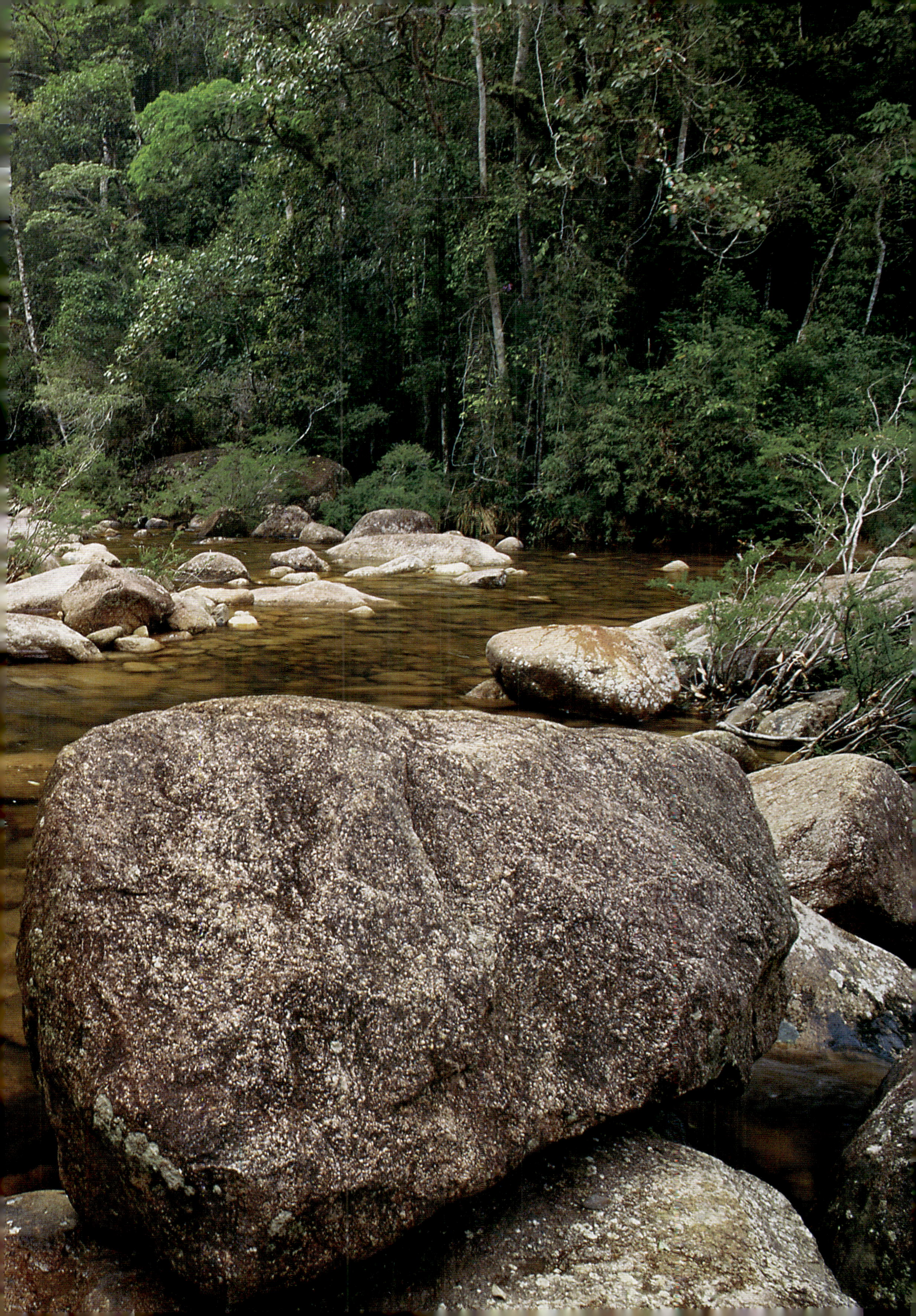

O velho navio, que tantos oceanos singrou,
agora sangra lento sob a ação do tempo.

From the scene emerges the emotion
of seeing this old ship that has crossed so many oceans
now bleeding under the action of time.

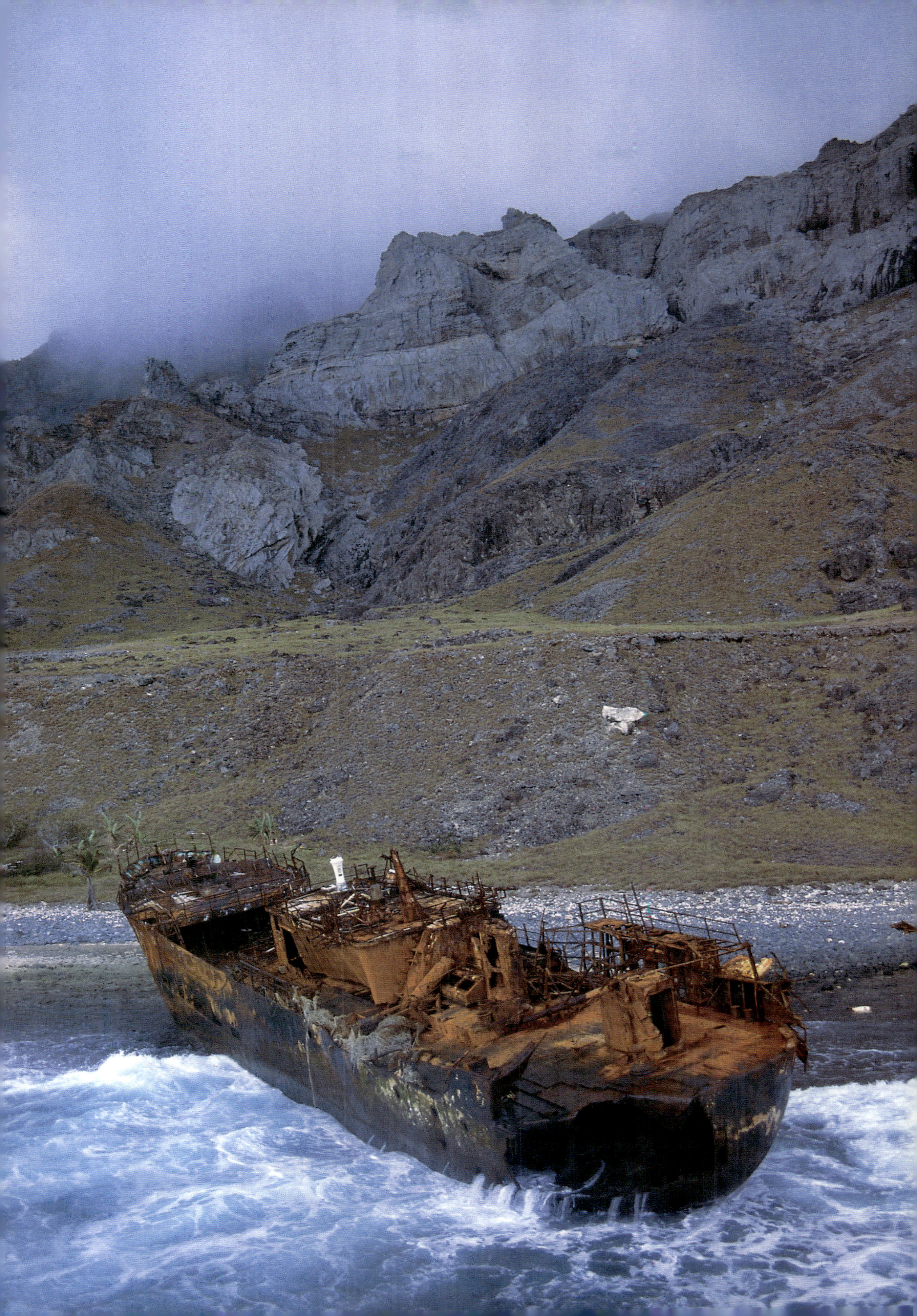

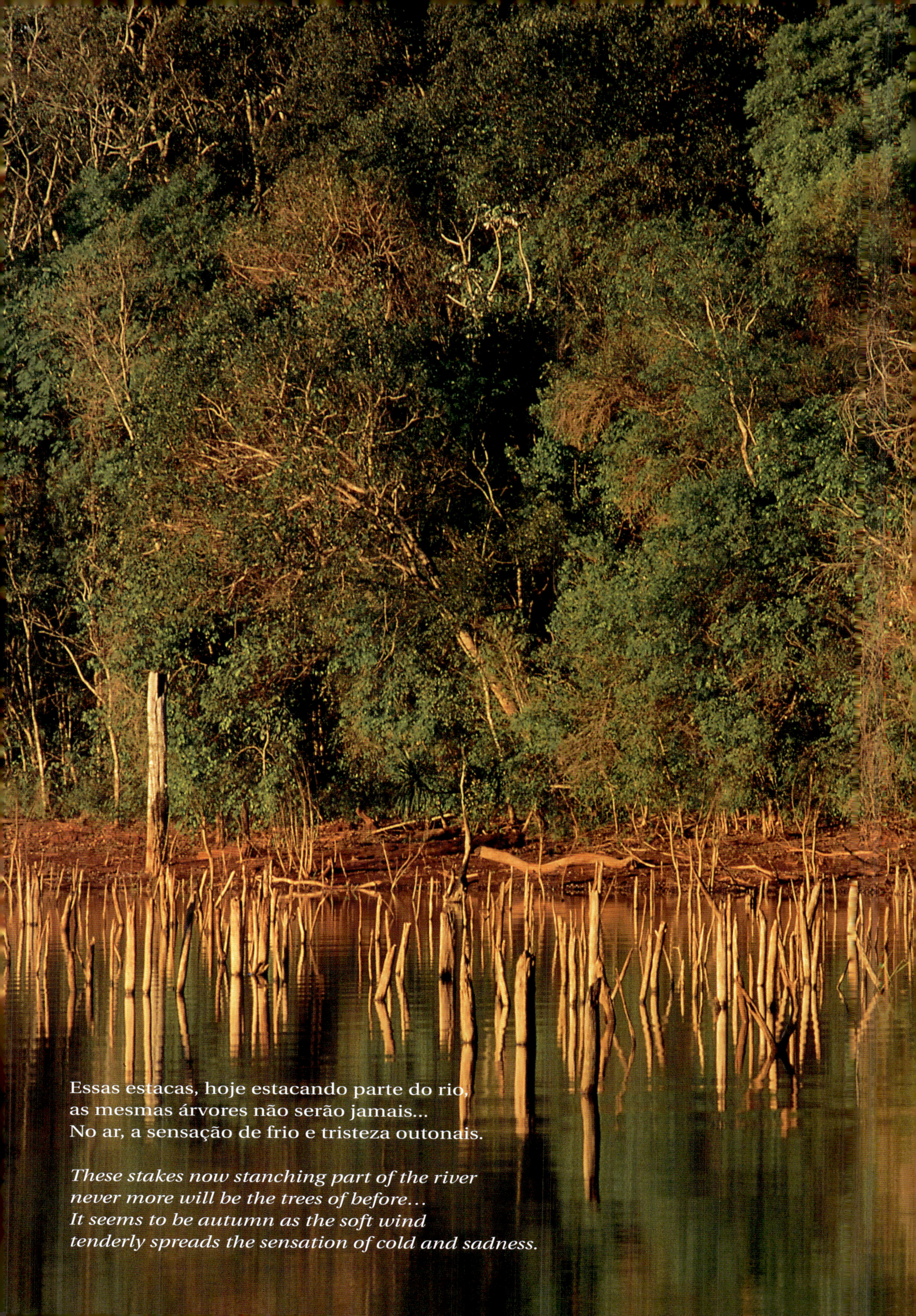

Essas estacas, hoje estacando parte do rio,
as mesmas árvores não serão jamais...
No ar, a sensação de frio e tristeza outonais.

These stakes now stanching part of the river
never more will be the trees of before...
It seems to be autumn as the soft wind
tenderly spreads the sensation of cold and sadness.

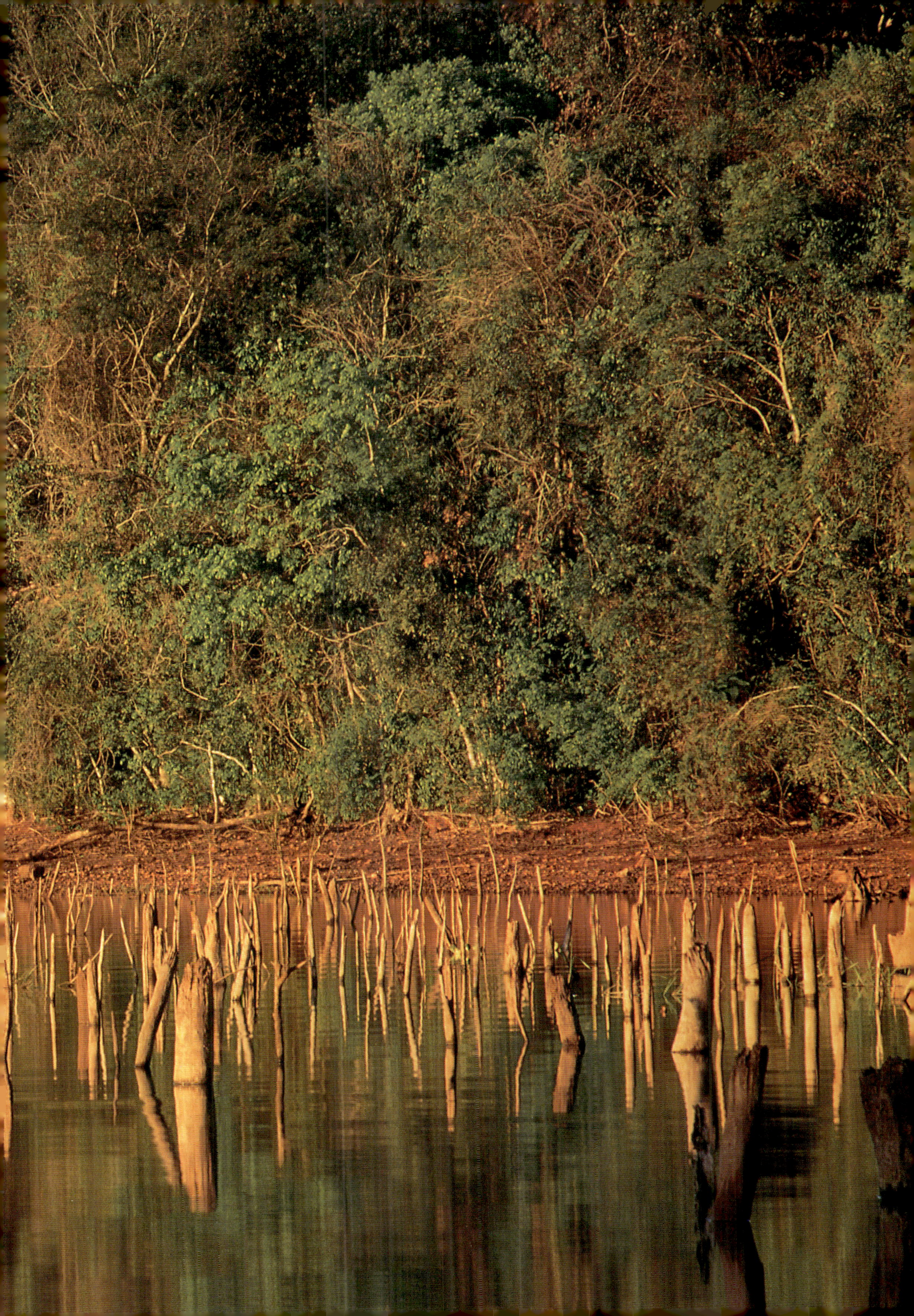

O barco é gado amarrado à cerca
Sendo libertado, por certo, se entregará
ao oceano, vasto e incerto pasto.

The boat is cattle tied to the fence
In defense of its own freedom
soon it will belong completely to the ocean,
so vast and uncertain pasture.

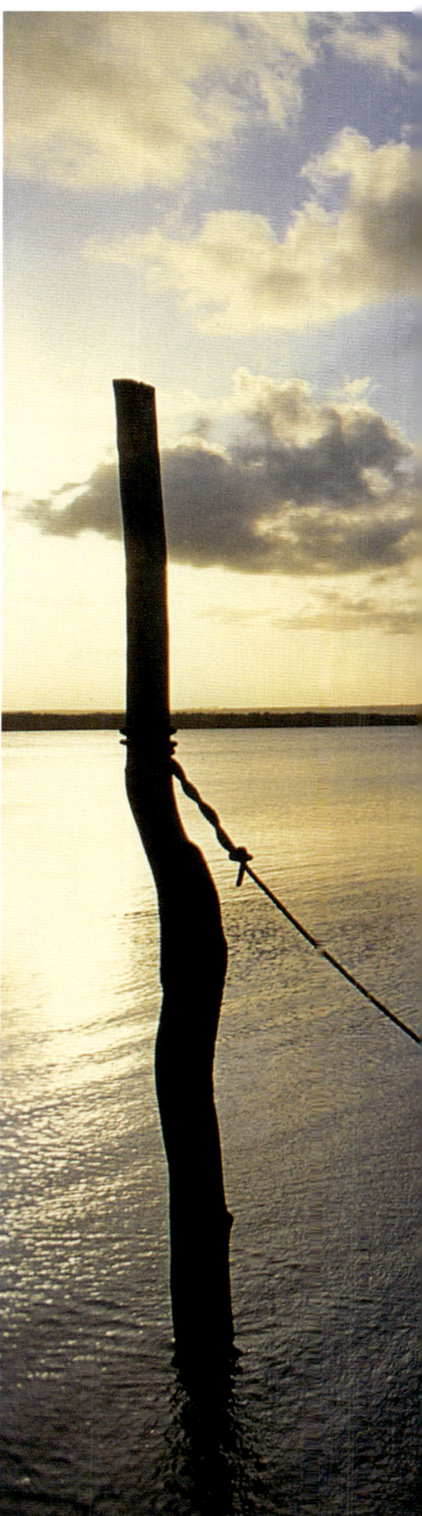

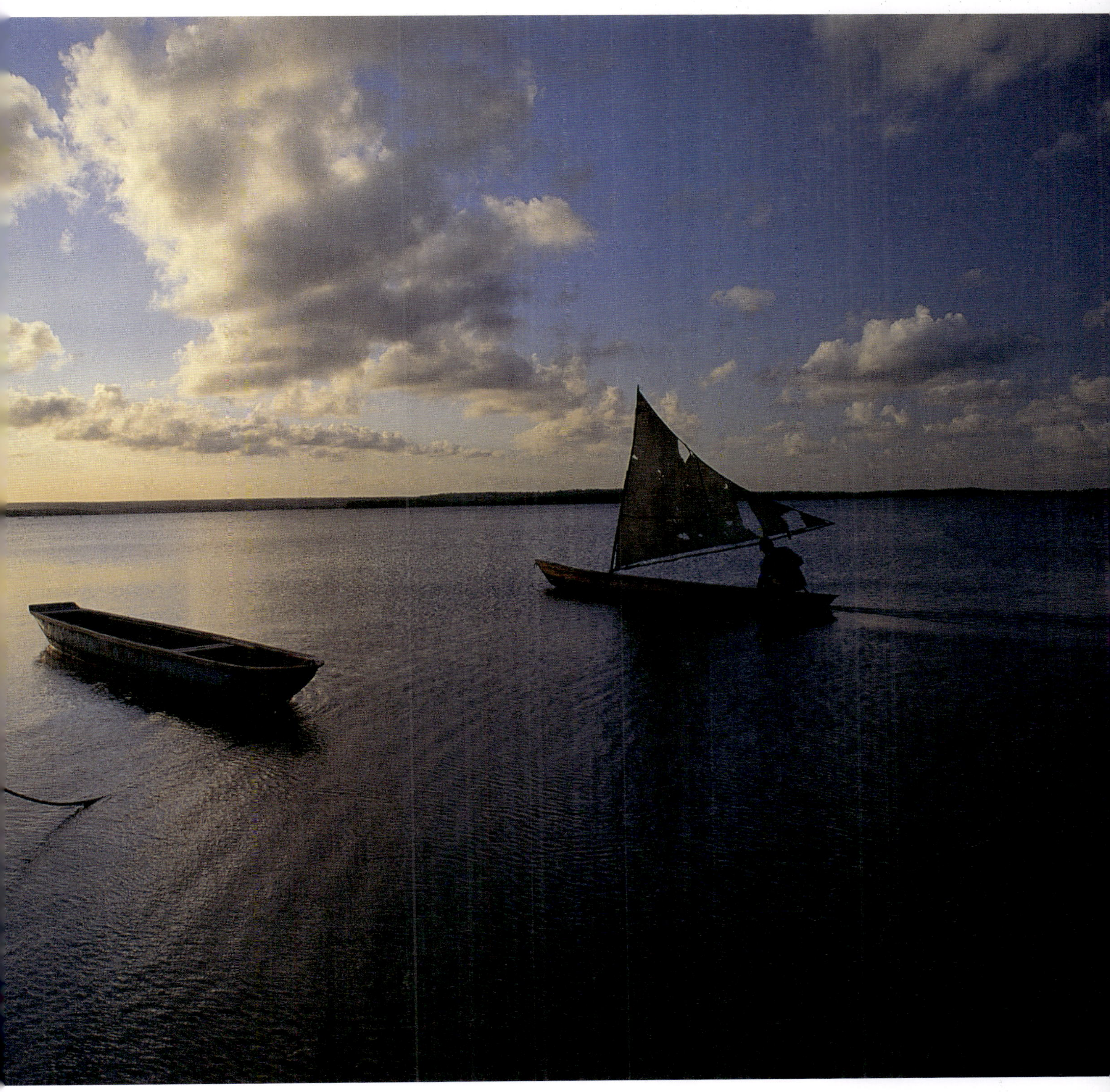

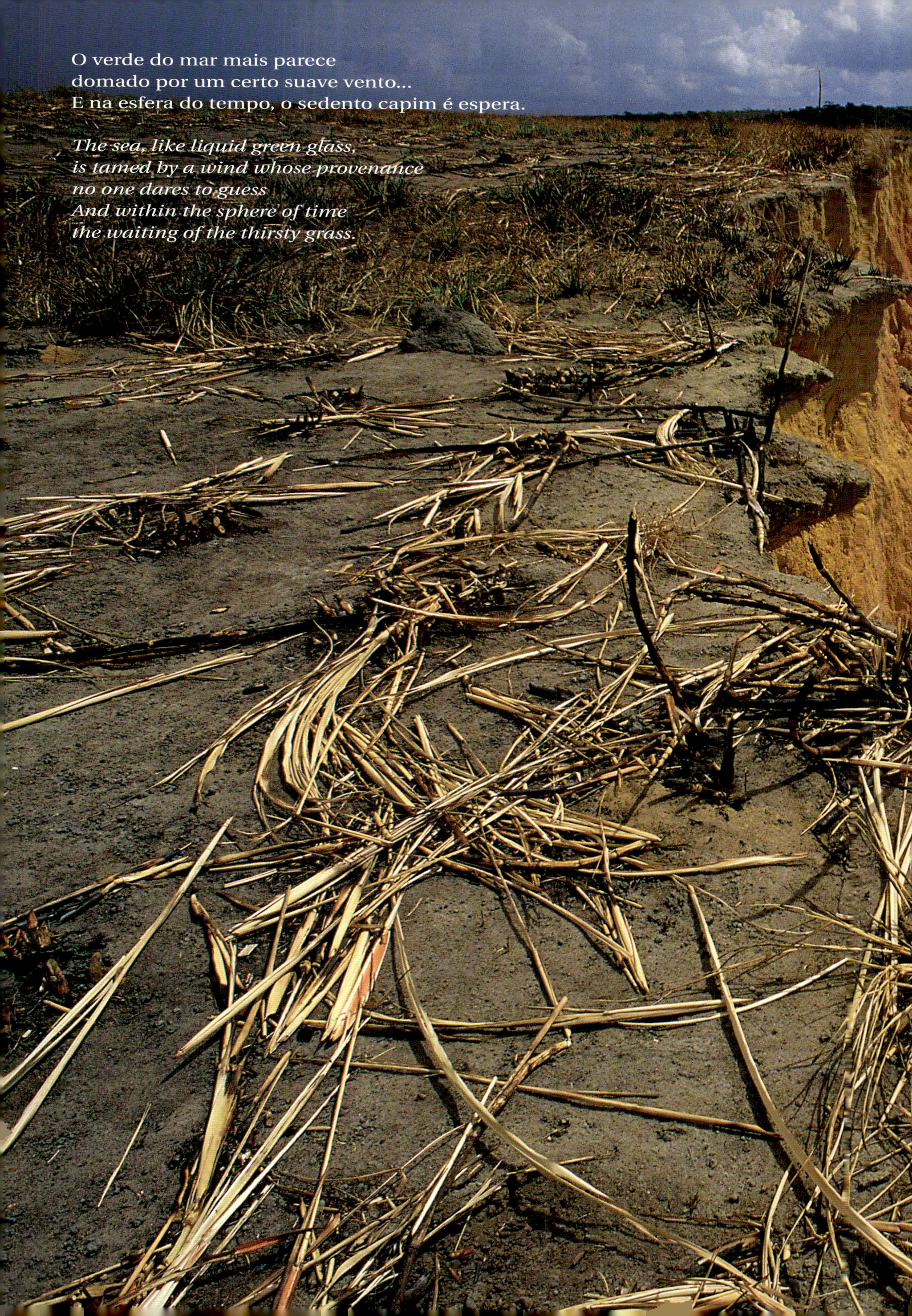

O verde do mar mais parece
domado por um certo suave vento...
E na esfera do tempo, o sedento capim é espera.

The sea, like liquid green glass,
is tamed by a wind whose provenance
no one dares to guess
And within the sphere of time
the waiting of the thirsty grass.

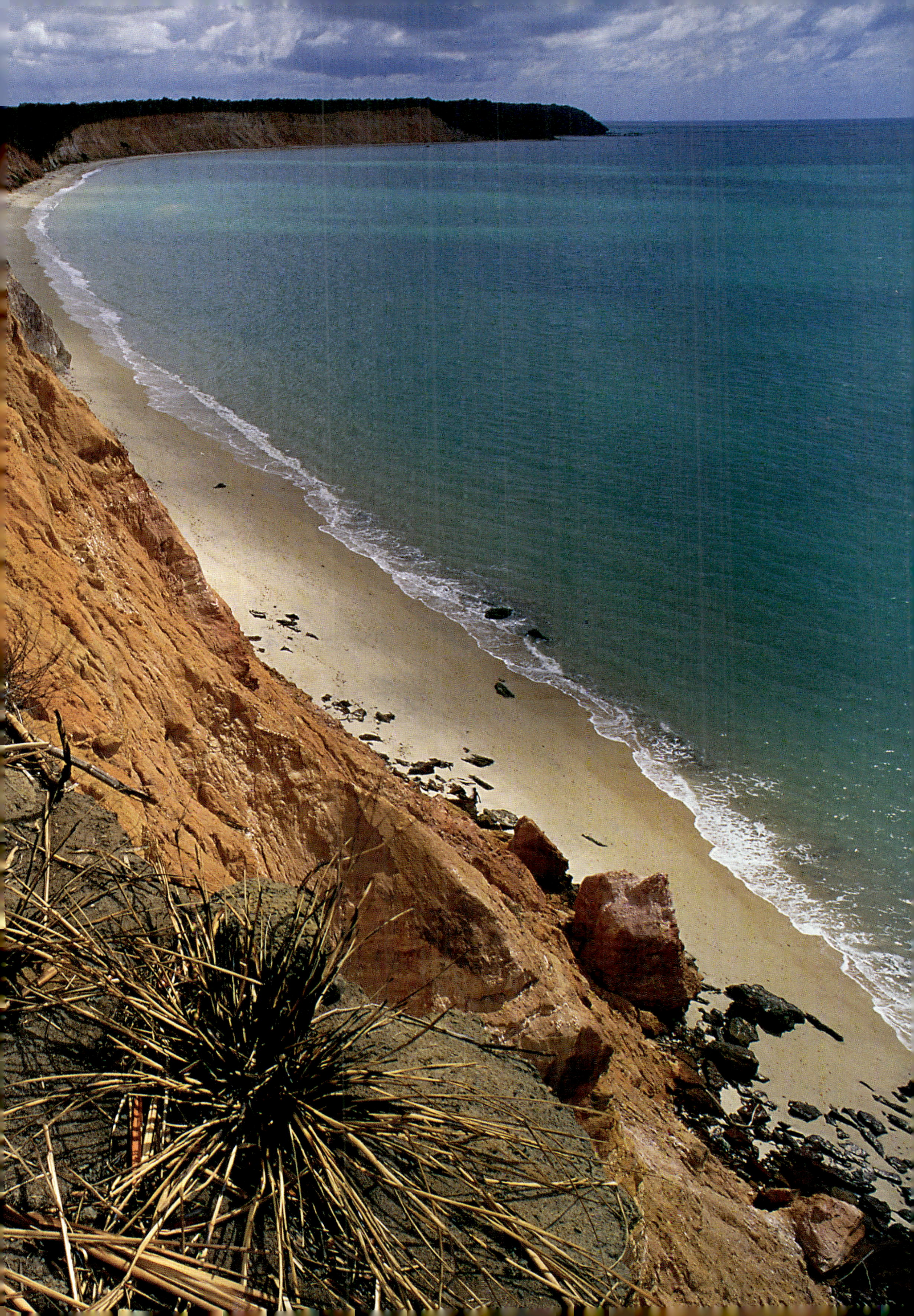

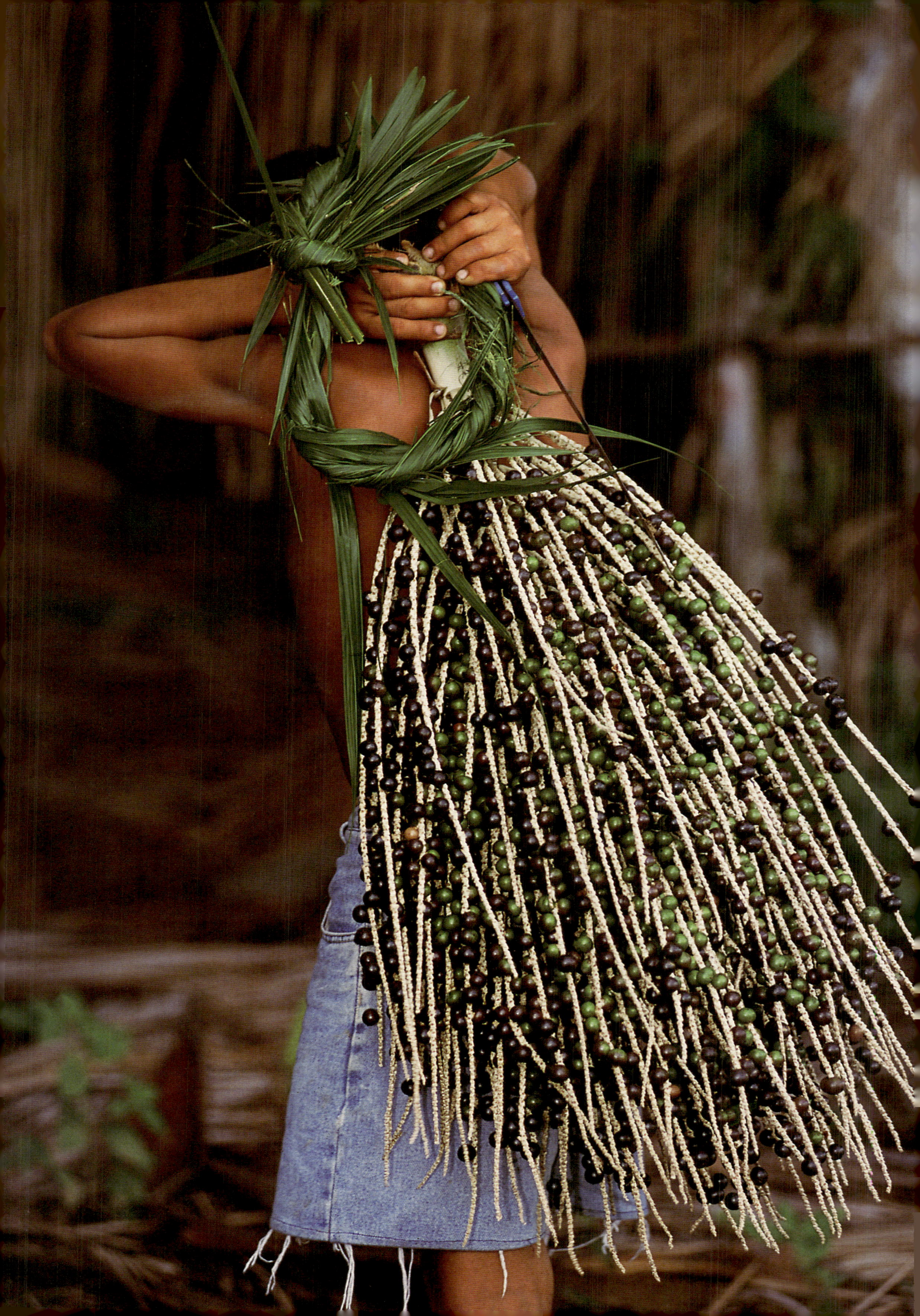

Na harmonia, a natureza está sempre em festa
E da floresta não vem nenhum lamento
quando dela o homem tira seu sustento.

Nature in harmony is always a party
and the forest will not wail
when man from it his sustenance takes.

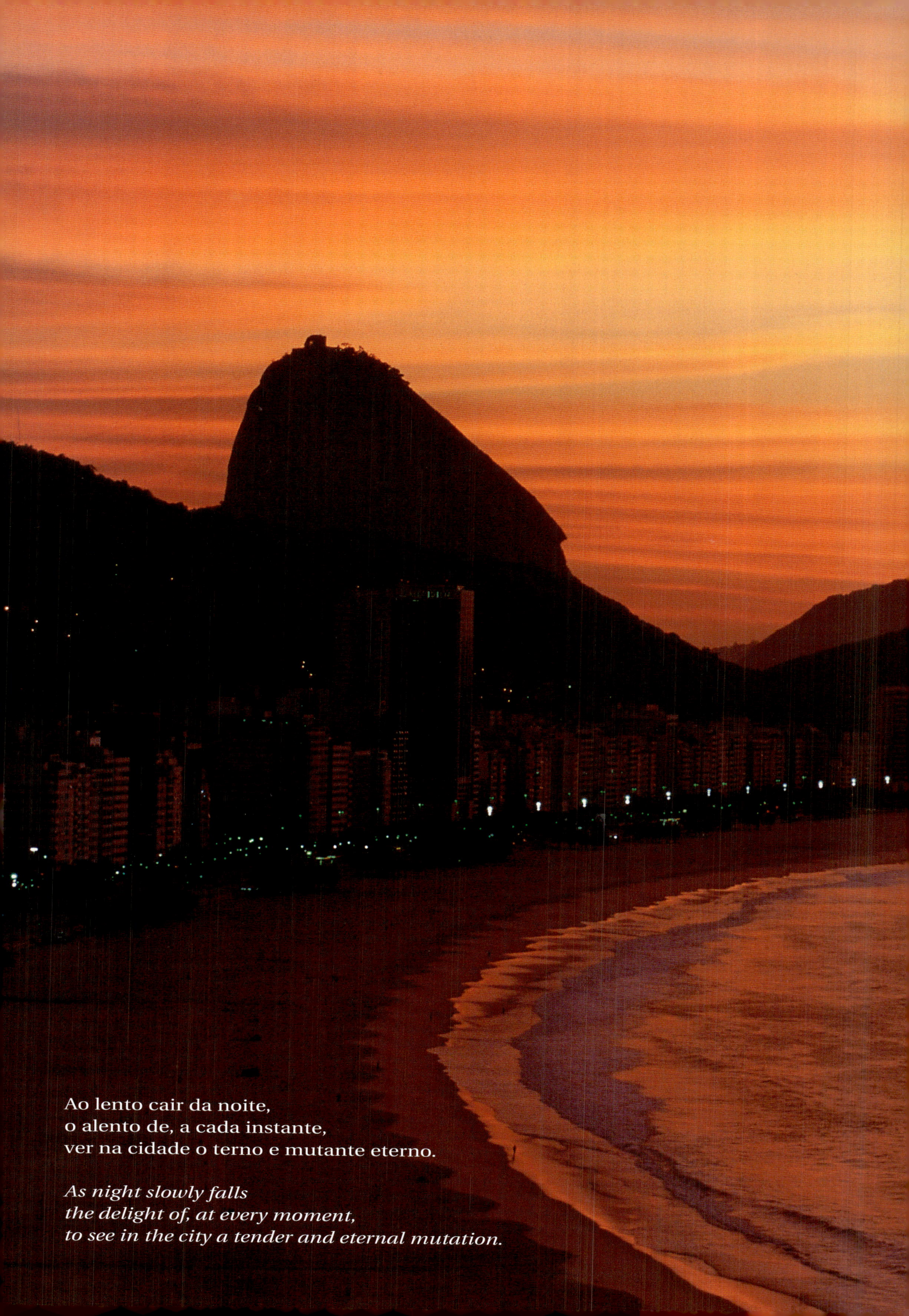

Ao lento cair da noite,
o alento de, a cada instante,
ver na cidade o terno e mutante eterno.

As night slowly falls
the delight of, at every moment,
to see in the city a tender and eternal mutation.

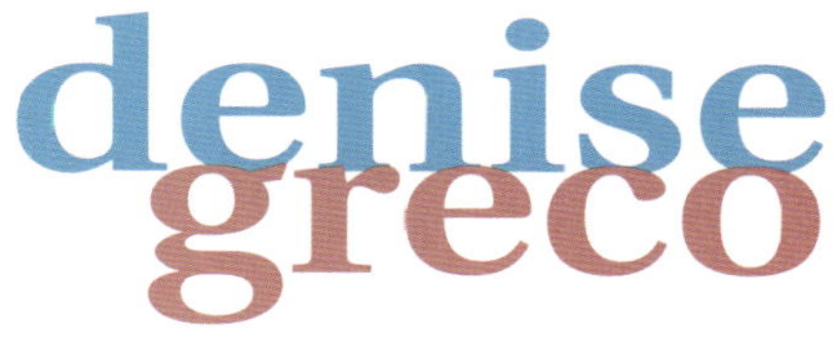

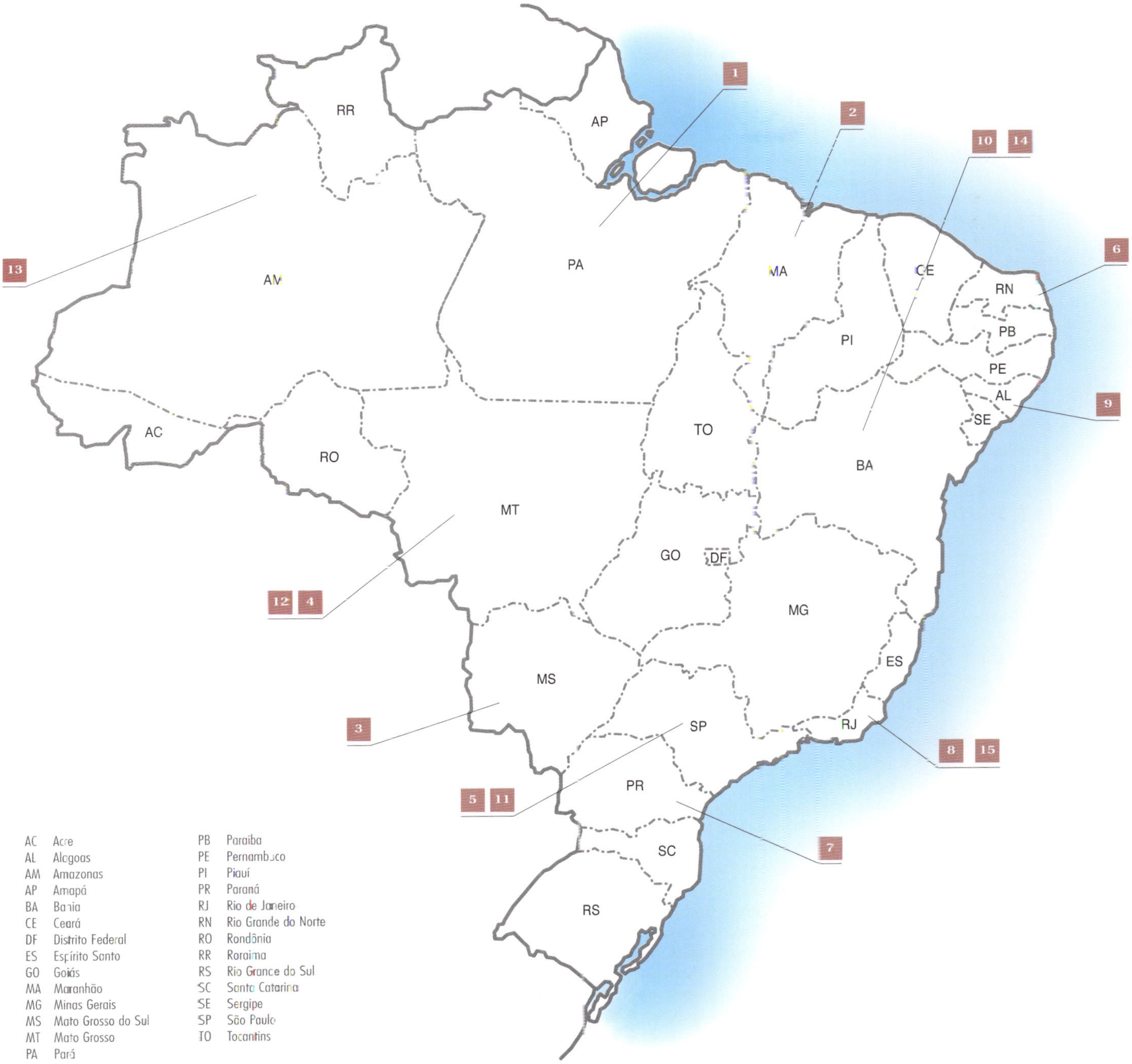

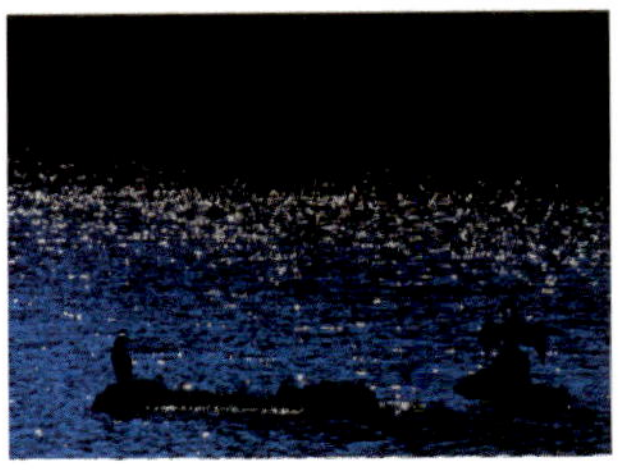

AC	Acre	PB	Paraíba
AL	Alagoas	PE	Pernambuco
AM	Amazonas	PI	Piauí
AP	Amapá	PR	Paraná
BA	Bahia	RJ	Rio de Janeiro
CE	Ceará	RN	Rio Grande do Norte
DF	Distrito Federal	RO	Rondônia
ES	Espírito Santo	RR	Roraima
GO	Goiás	RS	Rio Grande do Sul
MA	Maranhão	SC	Santa Catarina
MG	Minas Gerais	SE	Sergipe
MS	Mato Grosso do Sul	SP	São Paulo
MT	Mato Grosso	TO	Tocantins
PA	Pará		

12

Biguatingas às margens da Rodovia Transpantaneira, MT
Biguatingas beside the highway across the Pantanal, MT

páginas/*pages* 30, 31

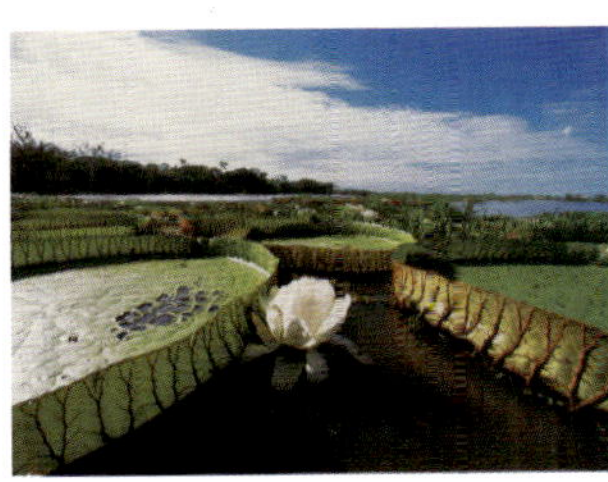

13

Vitória-régia, Ituqui, Amazonas
Victoria-regia, Ituqui, Amazonas

páginas/*pages* 32, 33

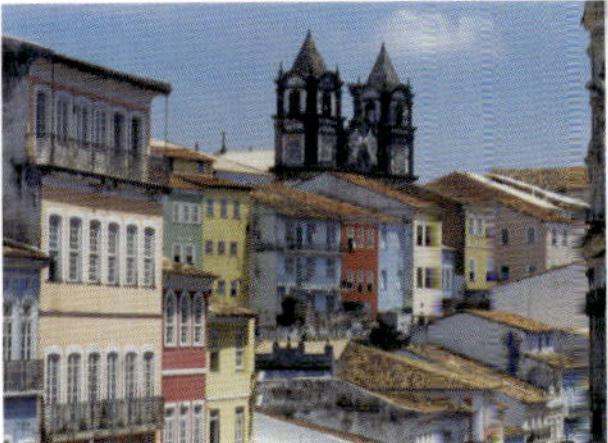

14

Pelourinho, centro histórico de Salvador, Bahia
Pelourinho, historic center of Salvador, Bahia

páginas/*pages* 34, 35

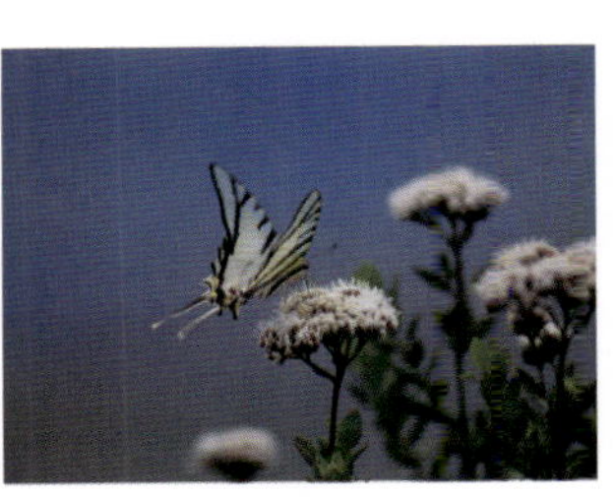

15

Parque do Itatiaia, Rio de Janeiro
Itatiaia Park, Rio de Janeiro

páginas/*pages* 36, 37

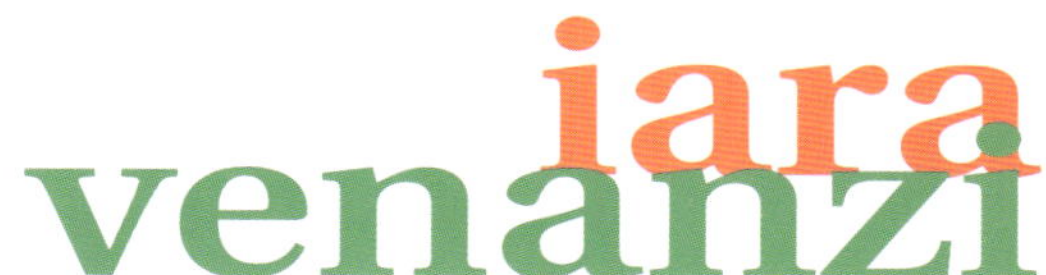
iara
venanzi

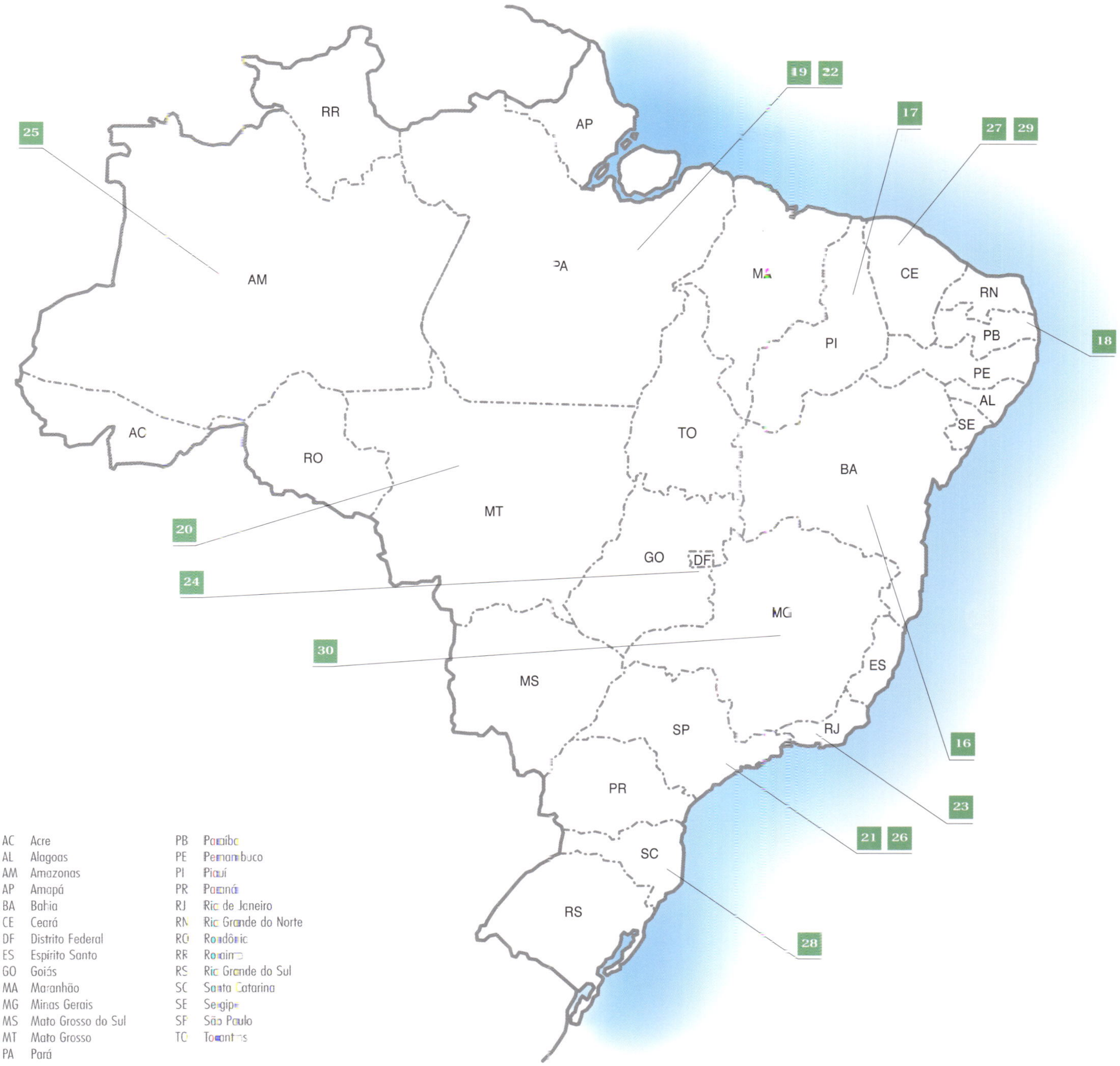

AC Acre
AL Alagoas
AM Amazonas
AP Amapá
BA Bahia
CE Ceará
DF Distrito Federal
ES Espírito Santo
GO Goiás
MA Maranhão
MG Minas Gerais
MS Mato Grosso do Sul
MT Mato Grosso
PA Pará
PB Paraíba
PE Pernambuco
PI Piauí
PR Paraná
RJ Rio de Janeiro
RN Rio Grande do Norte
RO Rondônia
RR Roraima
RS Rio Grande do Sul
SC Santa Catarina
SE Sergipe
SP São Paulo
TO Tocantins

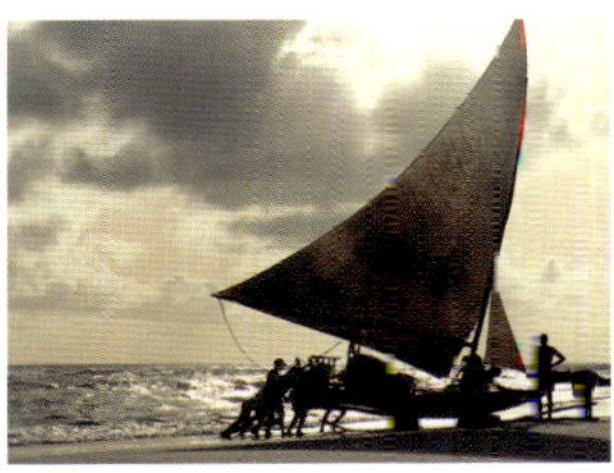

27

Praia do Morro Branco, Ceará
The beach of Morro Branco, Ceará

páginas/*pages* 62, 63

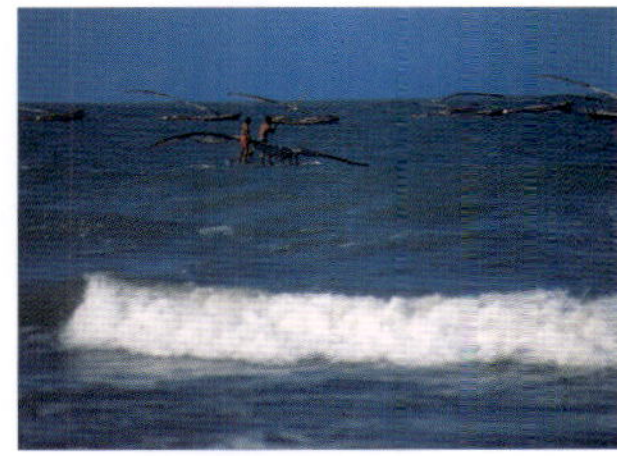

29

Praia Redonda, Icapuí, Ceará
Redonda Beach, Icapuí, Ceará

páginas/*pages* 66, 67

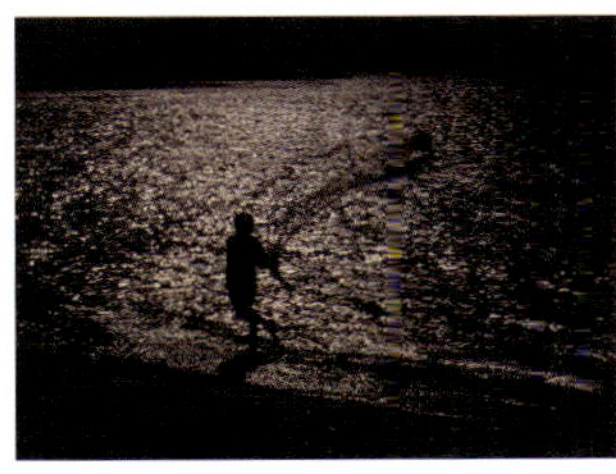

28

Florianópolis, Santa Catarina
Florianópolis, Santa Catarina

páginas/*pages* 64, 65

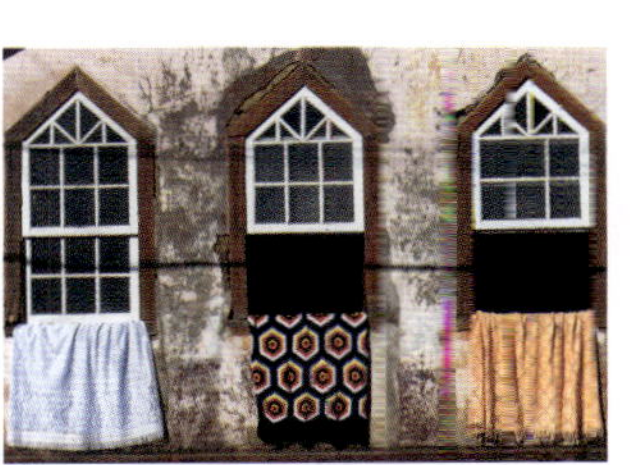

30

Ouro Preto, Minas Gerais
Ouro Preto, Minas Gerais

páginas/*pages* 68, 69

juca martins

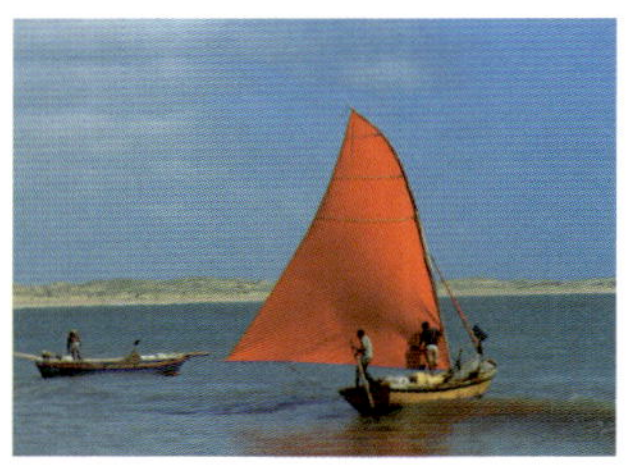

31

Praia de Icaraí, Ceará
Beach of Icaraí, Ceará

páginas/*pages* 72, 73

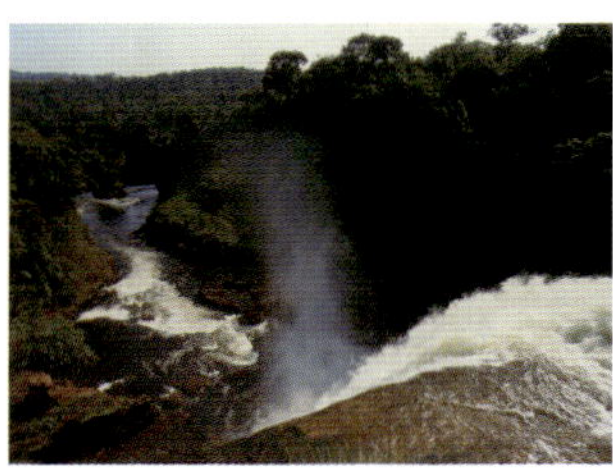

32

Queda d'água no Rio Curuá em Altamira, Pará
Waterfall on the River Curuá in Altamira, Pará

páginas/*pages* 74, 75

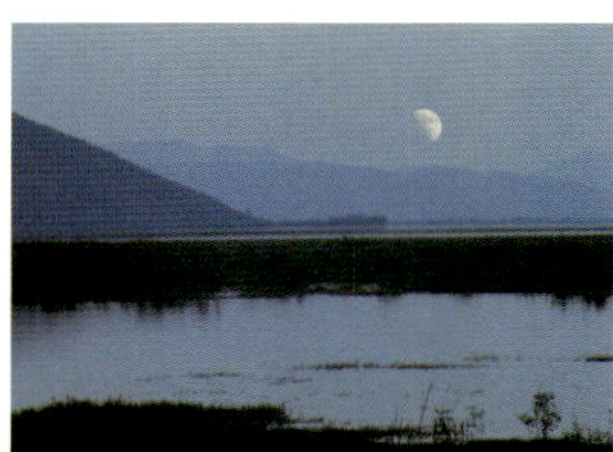

33

Parque do Cará-Cará no Pantanal Mato-Grossense
Cará-Cará Park in the Pantanal Mato-Grossense

páginas/*pages* 76, 77

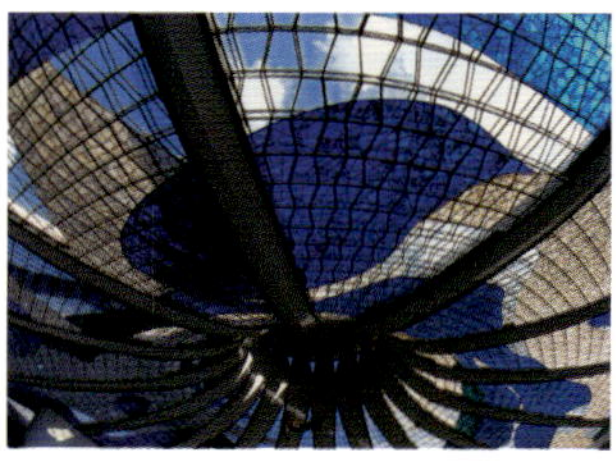

34

Catedral de Brasília, DF
Brasília cathedral, DF

páginas/*pages* 78, 79

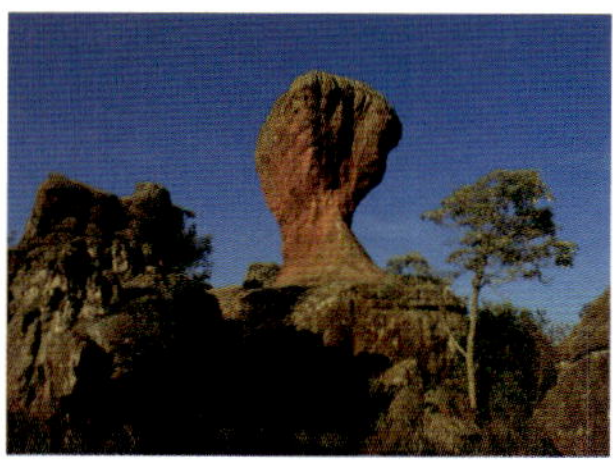

35

Parque Estadual de Vila Velha, Paraná
State Park of Vila Velha, Paraná

páginas/*pages* 80, 81

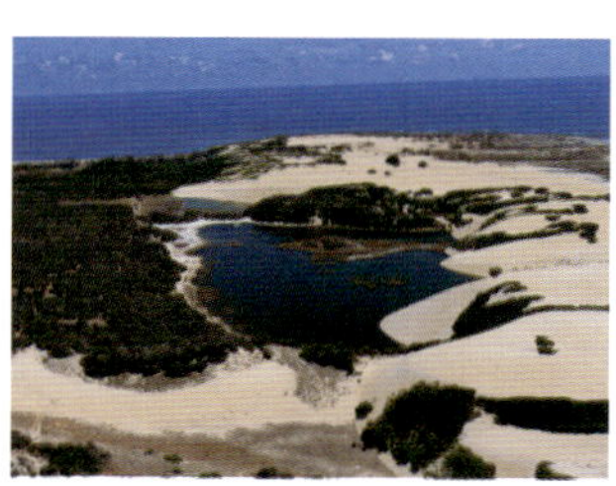

36

Dunas de Genipabu, Rio Grande do Norte
Dunes of Genipabu, Rio Grande do Norte

páginas/*pages* 82, 83

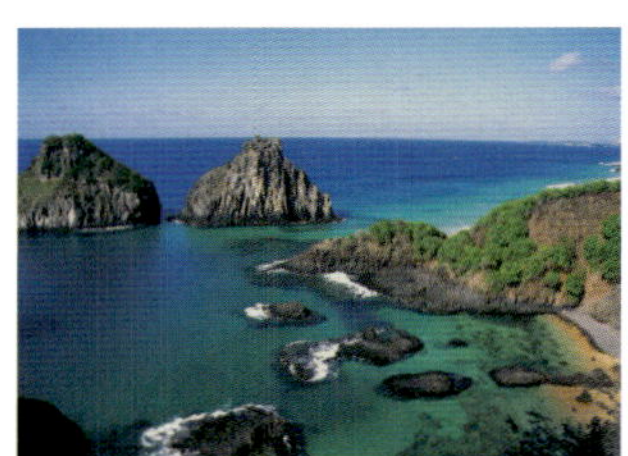

37

Ilhas Dois Irmãos, Fernando de Noronha, Pernambuco
Dois Irmãos Islands, Fernando de Noronha, Pernambuco

páginas/*pages* 84, 85

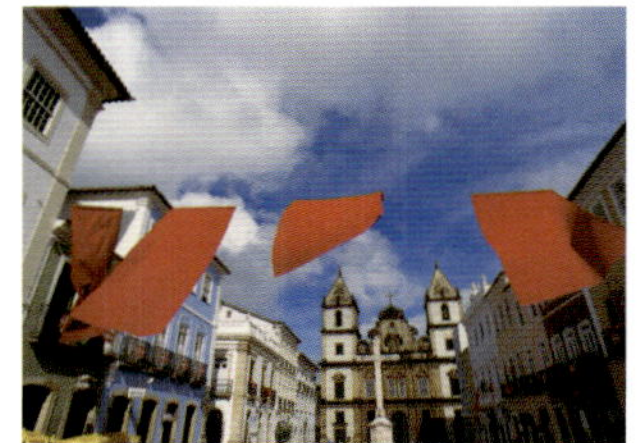

38

Igreja de São Francisco no centro histórico de Salvador, Bahia
The Church of São Francisco in the historic center of Salvador, Bahia

páginas/*pages* 86, 87

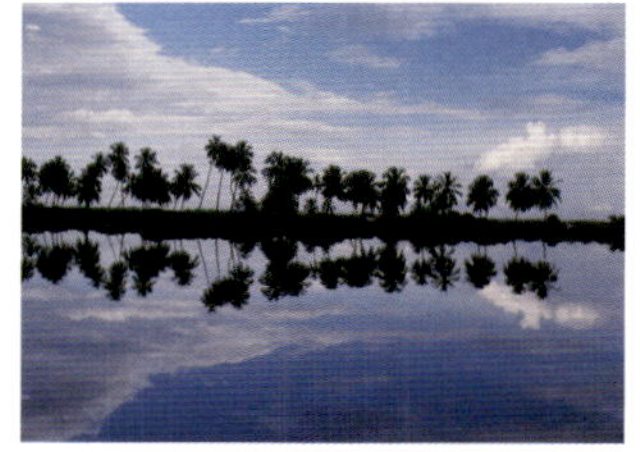

39

Lagoa em Arembepe, litoral da Bahia
Lake in Arembepe, coast of Bahia

páginas/*pages* 88, 89

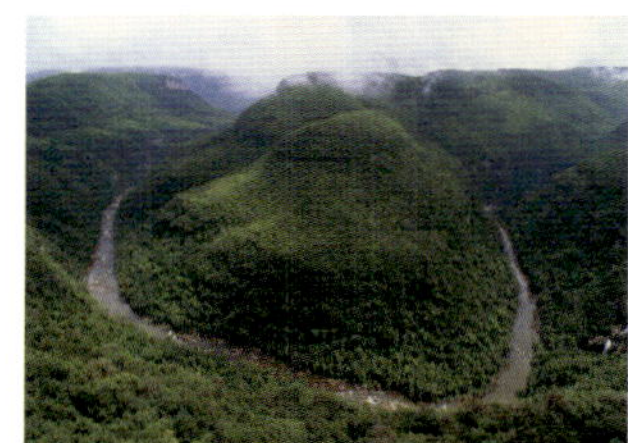

40

Vale da Ferradura, Canela, Rio Grande do Sul
Ferradura Valley, Canela, Rio Grande do Sul

páginas/*pages* 90, 91

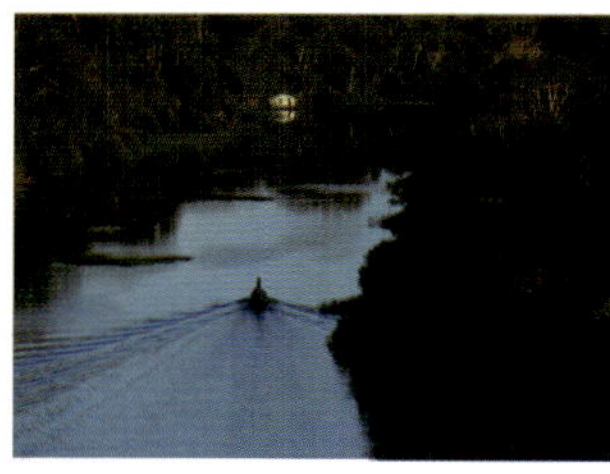

41

Rio Negro, Arquipélago das Anavilhanas, Amazonas
River Negro, Archipelago of Anavilhanas, Amazonas

páginas/*pages* 92, 93

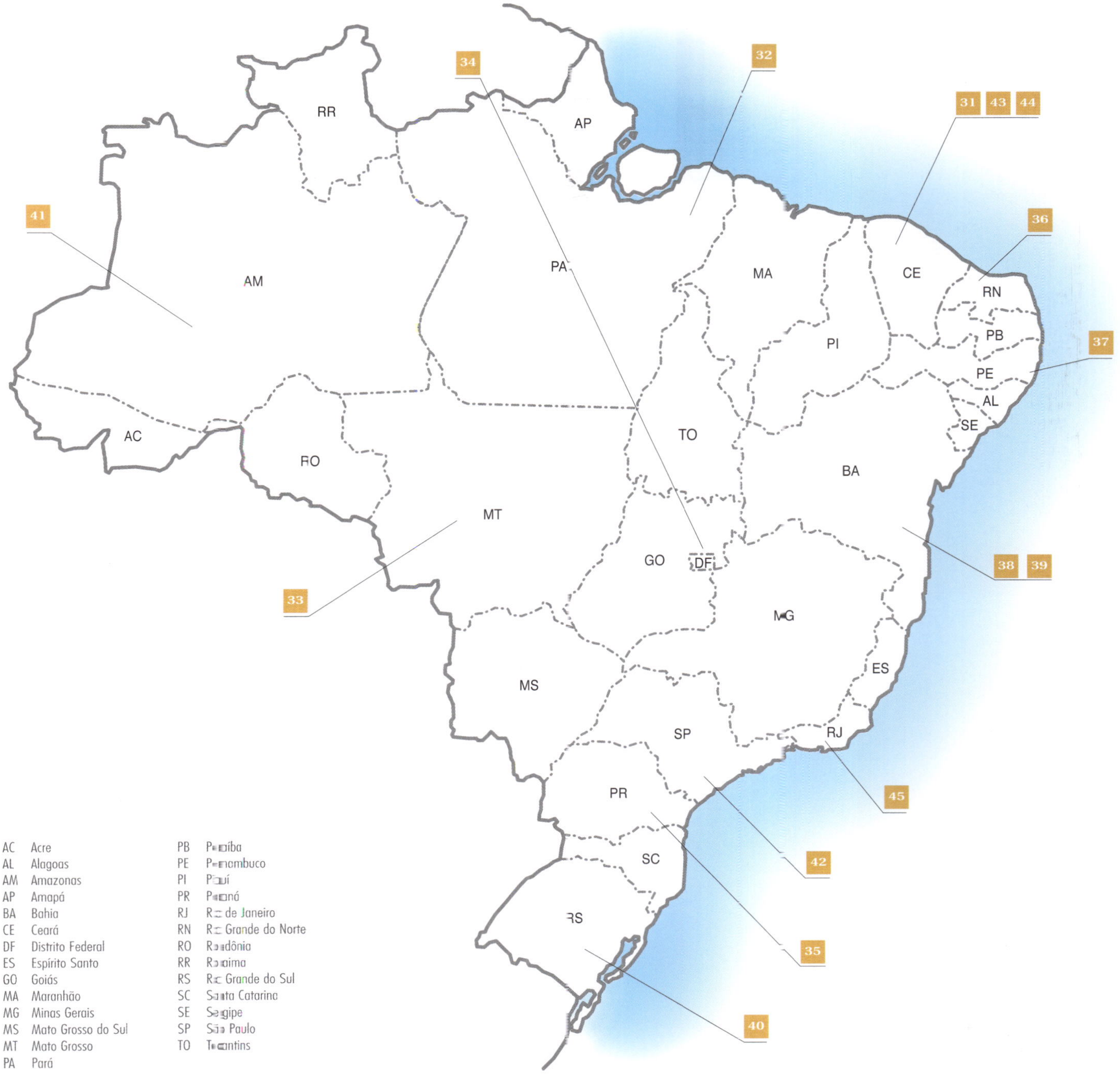

AC	Acre	PB	Paraíba
AL	Alagoas	PE	Pernambuco
AM	Amazonas	PI	Piauí
AP	Amapá	PR	Paraná
BA	Bahia	RJ	Rio de Janeiro
CE	Ceará	RN	Rio Grande do Norte
DF	Distrito Federal	RO	Rondônia
ES	Espírito Santo	RR	Roraima
GO	Goiás	RS	Rio Grande do Sul
MA	Maranhão	SC	Santa Catarina
MG	Minas Gerais	SE	Sergipe
MS	Mato Grosso do Sul	SP	São Paulo
MT	Mato Grosso	TO	Tocantins
PA	Pará		

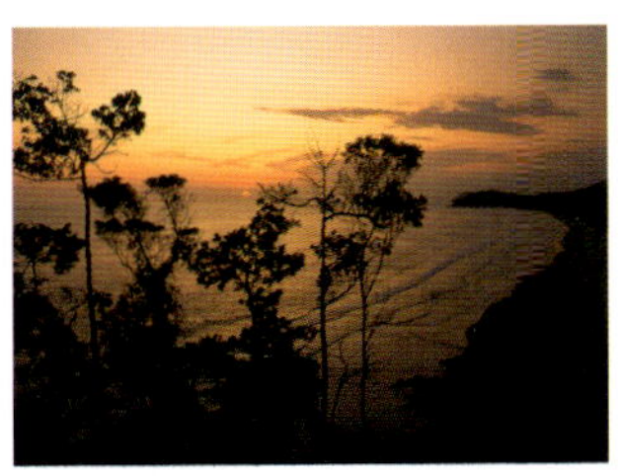

42

Barra do Sahy, litoral de São Paulo
Barra do Sahy, coast of São Paulo

páginas/*pages* 94, 95

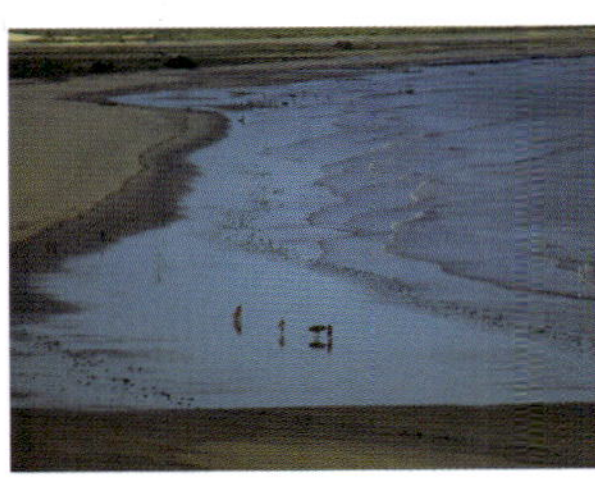

43

Praia em Jericoacoara, no Ceará
Beach in Jericoacoara, in Ceará

páginas/*pages* 96, 97

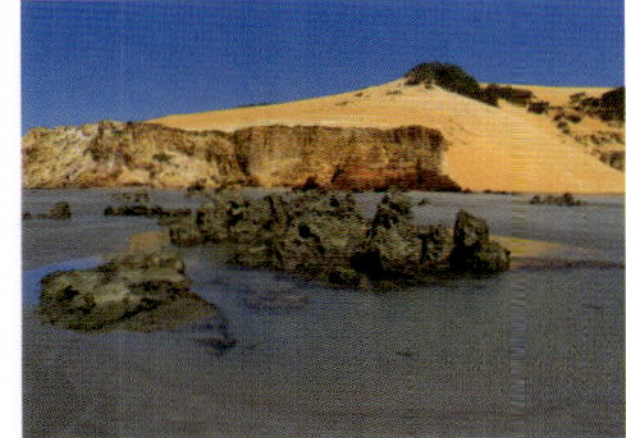

44

Praia de Ponta Grossa, Icapuí, Ceará
Ponta Grossa Beach, Icapuí, Ceará

páginas/*pages* 98, 99

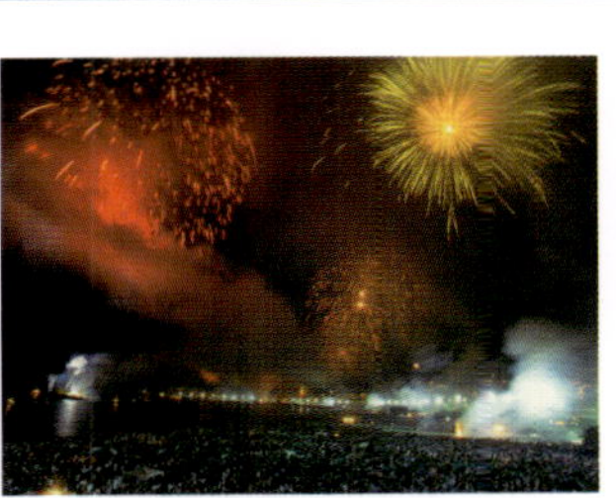

45

Praia de Copacabana, Rio de Janeiro, RJ
Copacabana Beach, Rio de Janeiro, RJ

páginas/*pages* 100, 101

luciano candisani

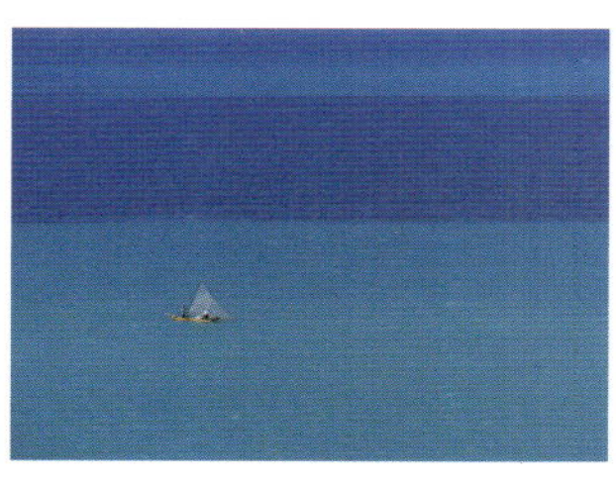

46

Praia do Carro Quebrado, Maceió, Alagoas
Beach of Carro Quebrado, Maceió, Alagoas

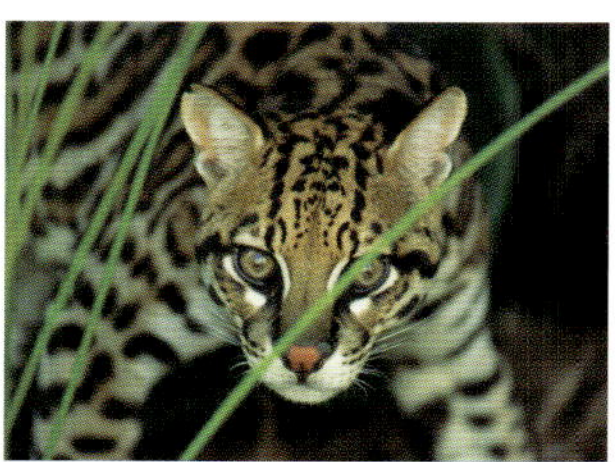

47

Refúgio biológico Bela Vista, Foz do Iguaçu, Paraná
Bela Vista reserve, Foz do Iguaçu, Paraná

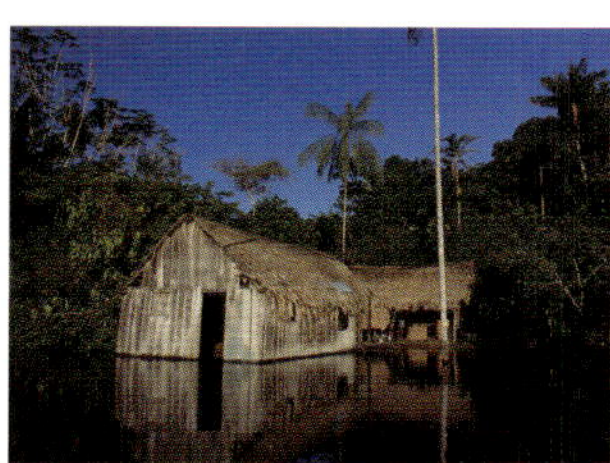

48

Rio Negro, Amazonas
Negro River, Amazonas

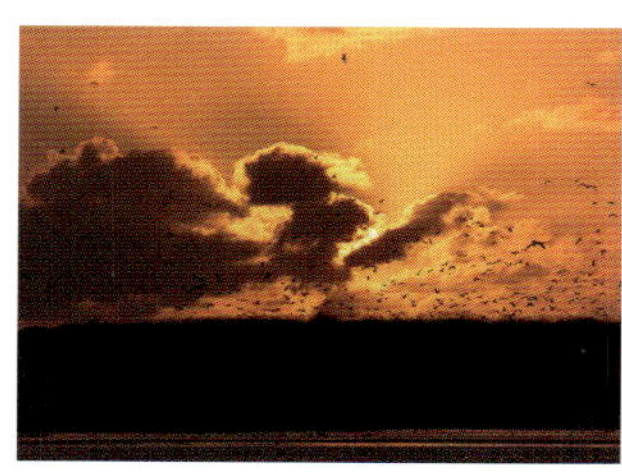

49

Atol das Rocas, Rio Grande do Norte
Rocas Atoll, Rio Grande do Norte

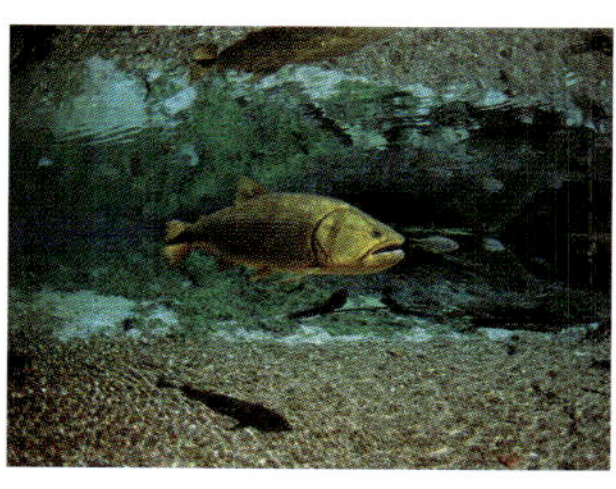

50

Nascente do Rio Olho d'Água, Jardim, Mato Grosso do Sul
Birth of the River Olho d'Água, Jardim, Mato Grosso do Sul

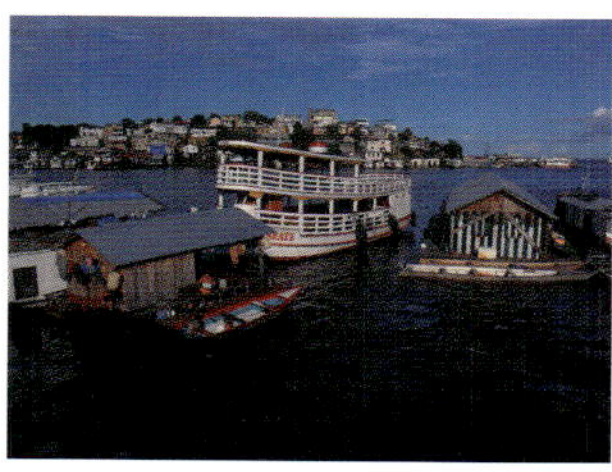

51

Porto de Manaus, no estado do Amazonas
The port of Manaus, in the state of Amazonas

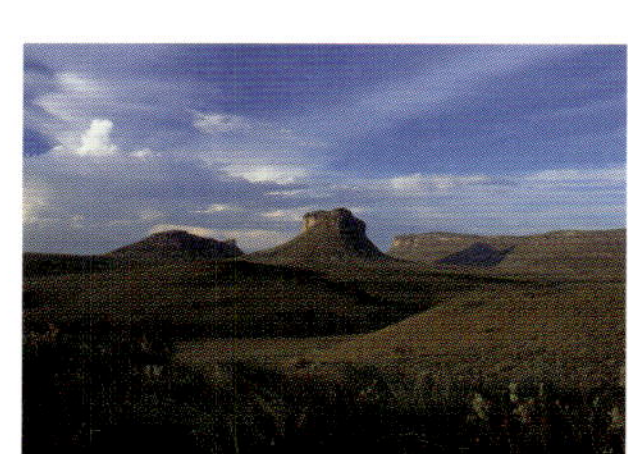

52

Chapada Diamantina, Bahia
Chapada Diamantina, Bahia

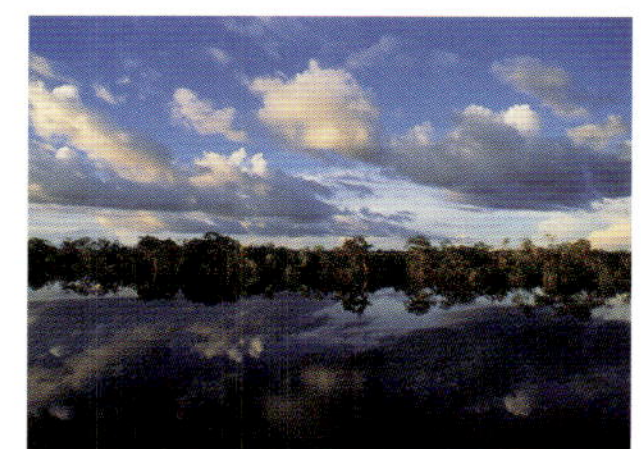

53

Floresta inundada. Rio Xeruini, Roraima
Flooded Forest, Xeruini River, Roraima

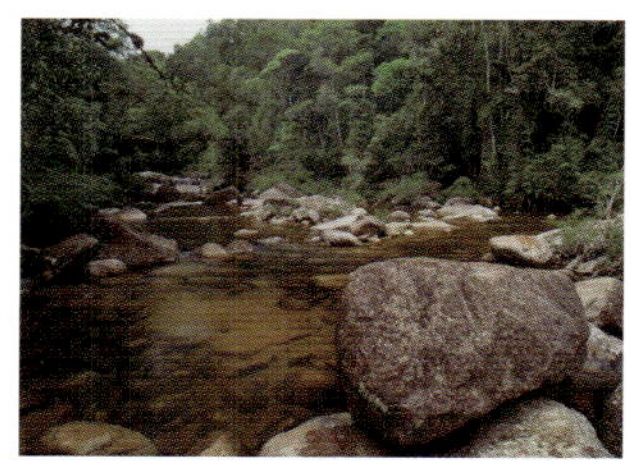

54

Mata Atlântica. Paulo Lopes, Santa Catarina
The Atlantic Forest. Paulo Lopes, Santa Catarina

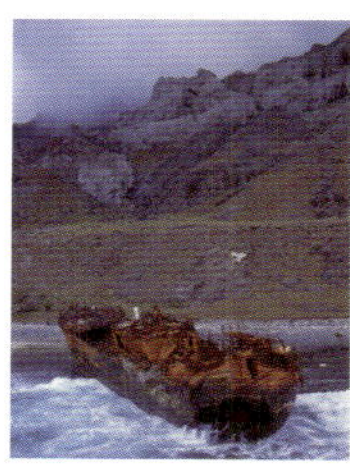

55

Naufrágio de pesqueiro. Ilha da Trindade, Espírito Santo
Sunken fishing boat. Trindade Island, Espírito Santo

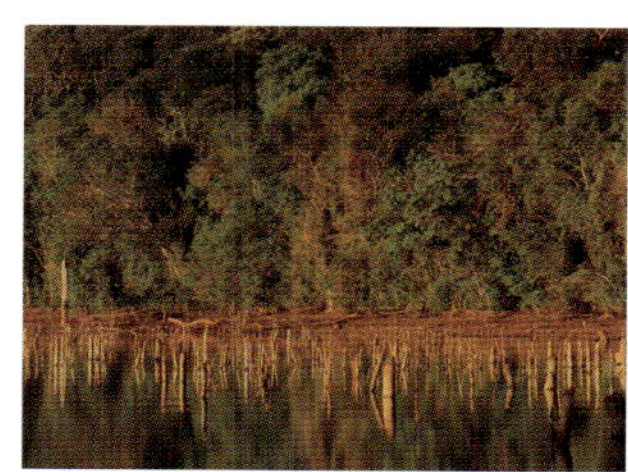

56

Lago de Itaipu, Foz do Iguaçu, Paraná
Lake of Itaipu, Foz do Iguaçu, Paraná

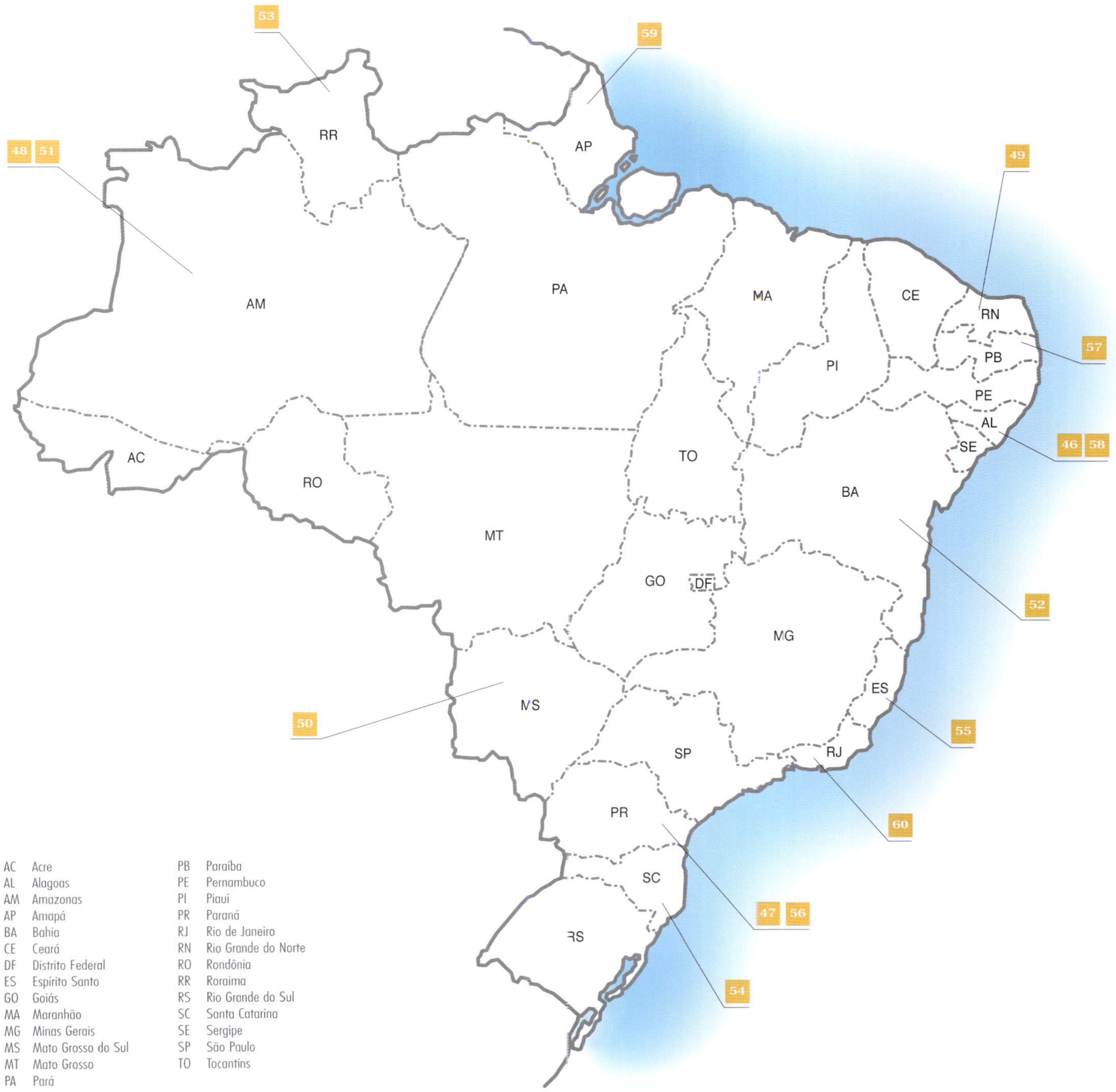

AC	Acre
AL	Alagoas
AM	Amazonas
AP	Amapá
BA	Bahia
CE	Ceará
DF	Distrito Federal
ES	Espírito Santo
GO	Goiás
MA	Maranhão
MG	Minas Gerais
MS	Mato Grosso do Sul
MT	Mato Grosso
PA	Pará
PB	Paraíba
PE	Pernambuco
PI	Piauí
PR	Paraná
RJ	Rio de Janeiro
RN	Rio Grande do Norte
RO	Rondônia
RR	Roraima
RS	Rio Grande do Sul
SC	Santa Catarina
SE	Sergipe
SP	São Paulo
TO	Tocantins

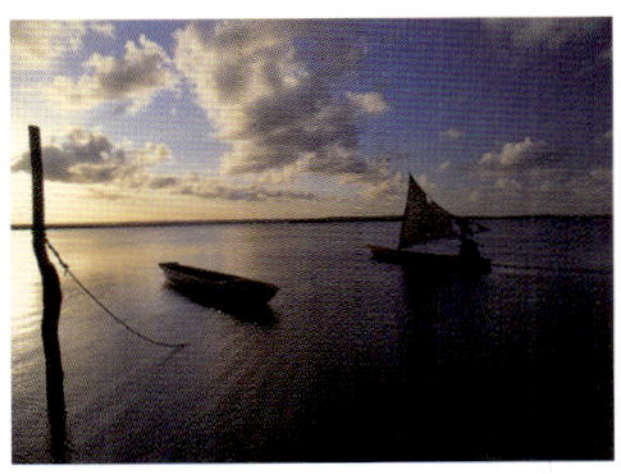

57

Barra do Rio Mamanguape, Paraíba
The mouth of the Mamanguape River, Paraíba

páginas/*pages* 126, 127

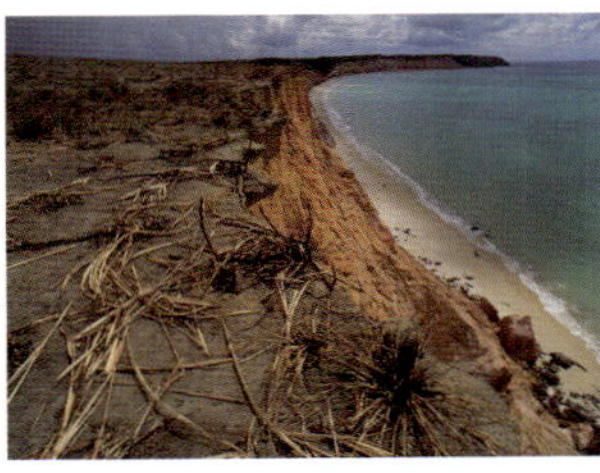

58

Praia do Carro Quebrado, Maceió, Alagoas
Carro Quebrado Beach, Maceió, Alagoas

páginas/*pages* 128, 129

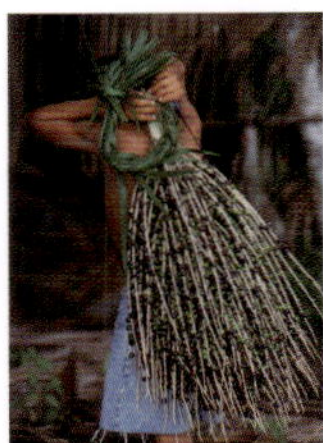

59

Coleta de açaí. Reserva Extrativista Cajari, Amapá
The açaí harvest. Nature Reserve Cajari, Amapá

páginas/*pages* 130, 131

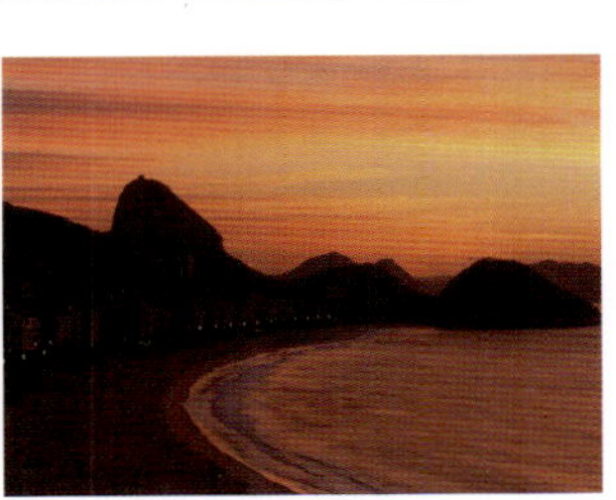

60

Praia de Copacabana, Rio de Janeiro, RJ
The Copacabana Beach, Rio de Janeiro, RJ

páginas/*pages* 132, 133

Formado em publicidade/propaganda e em jornalismo – com especialização na Universidade de Sophia, em Tóquio, Japão – Raimundo Gadelha é poeta e fotógrafo. Tem várias obras publicadas, sendo as últimas o livro de poemas *Para não esqueceres dos seres que somos* (1998) e o romance *Em algum lugar do horizonte* (2000). Sua obra sofre grande influência da poesia clássica do Japão, onde viveu alguns anos na década de 80. Trabalhou durante três anos como editor da Aliança Cultural Brasil-Japão e, em 1994, fundou a Escrituras Editora.

Graduated in publicity/advertising and in journalism – specializing at the University of Sophia, in Tokyo, Japan – Raimundo Gadelha is also a poet and photographer. He has ten published works, the most recent being the book of poems Para não esqueceres dos seres que somos *(So as not to forget the beings we are) (1998) and the romance* Em algum lugar do horizonte *(Somewhere on the horizon) (2000). His work is greatly influenced by classic Japanese poetry, he lived in Japan for some years in the 80s. He worked for three years as editor of Aliança Cultural Brasil-Japão and, in 1994, founded Escrituras Editora.*

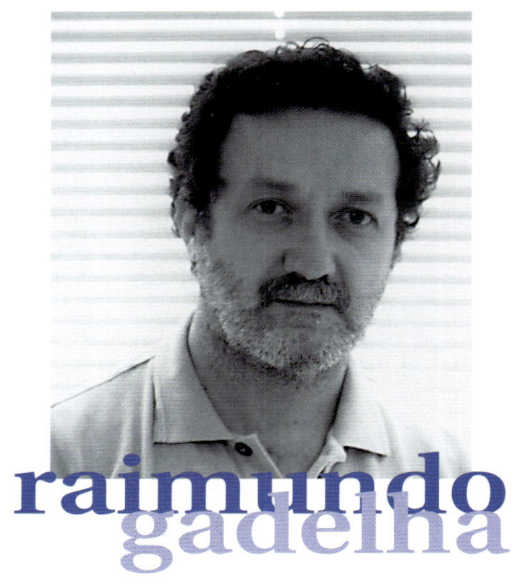

raimundo gadelha

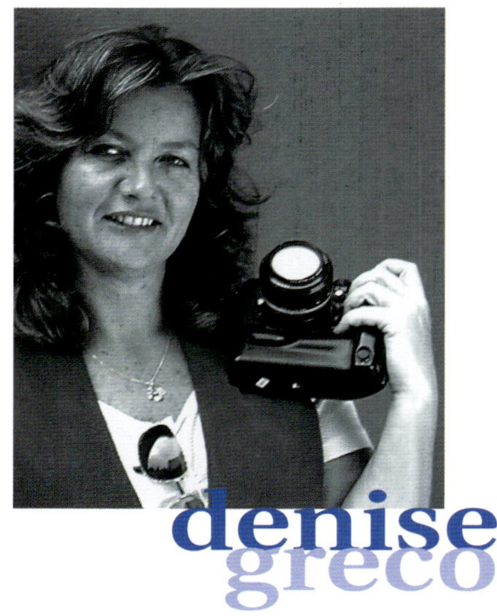

denise greco

Denise Greco escolheu o fundo do mar como sua morada fotográfica. Partindo de lá, como ela mesma diz, "saiu da água" e descobriu toda a natureza como fonte inspiradora para seu trabalho.
Fez mais de 13 exposições individuais e possui imagens no The Library Congress, em Washington, Estados Unidos.
Suas imagens já foram utilizadas pela Abecitrus, Cargill, Caterpillar, Kodak, Tilibra e Volkswagen em campanhas, calendários, folhetos, agendas, capas de caderno, etc.
Colabora com a WWF/Brasil desde 1996 e em 1998 representou o Brasil no Campeonato Mundial de Fotografia Submarina na Noruega.

Denise Greco chose the seabed as the subject of her photography. She then, as she herself puts it, "left the water" and nature as a whole became a source of inspiration for her work.
She has had over 13 individual exhibitions, and has images in The Library Congress, in Washington, USA.
Her images have already been used by Abecitrus, Cargill, Caterpillar, Kodak, Tilibra and Volkswagen in campaigns, calendars, pamphlets, diaries, notebook covers, etc.
The photographer has been a WWF/Brazil collaborator since 1996, and in 1998 represented Brazil in the World Championship of Underwater Photography in Norway.

Iara Venanzi iniciou sua carreira profissional como fotógrafa na agência de publicidade Expressão Brasileira de Propaganda em 1982, onde realizou trabalhos para diversos clientes, dentre eles a Varig.
Passou a colaborar com a *Ícaro*, a revista de bordo dessa companhia, realizando durante 20 anos matérias em várias regiões do Brasil e em diversos países do mundo com enfoque em hábitos, cultura, comportamento, geografia e arquitetura. Edições especiais sobre países como Japão e China foram integralmente ilustradas com fotos suas.
Hoje exerce a função de editora de fotografia na revista *Ícaro* e em seu estúdio próprio atende agências de publicidade, editoras e clientes diretos, desenvolvendo trabalhos fotográficos nas áreas de arte, jóias, arquitetura, still, portrait e culinária.

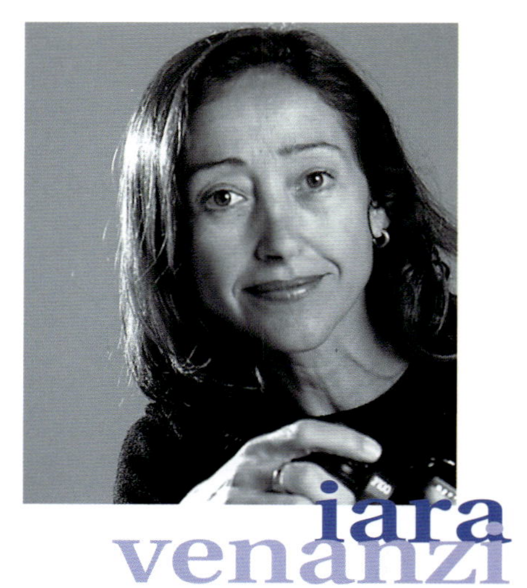

iara venanzi

Iara Venanzi began her career as an advertising photographer in 1982, working for Expressão Brasileira de Propaganda, where she photographed for varied customers, among them airline company Varig.
She then went on to become a collaborator for Ícaro, *the Varig onboard magazine, where, throughout 20 years, she worked on projects in many regions of Brazil and in various countries worldwide, focussing on habits, culture, behavior, geography and architecture. Special editions on countries like Japan and China were entirely illustrated by her photographs.*
She is currently the photographic editor of Ícaro *magazine, and provides service to advertising companies, publishers and direct customers from her private office, where she does photographic work on art, jewelry, architecture, still life, portraits and cuisine.*

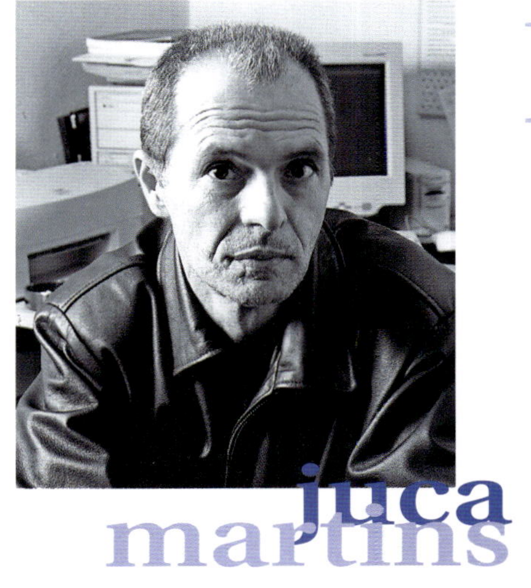

juca martins

Fotógrafo profissional desde 1970, Juca Martins produziu reportagens para jornais e revistas nacionais e internacionais, e trabalhos institucionais para publicações de empresas, anúncios, livros e calendários. Participou de exposições no Brasil, Espanha, Itália, França, Alemanha, Suíça, México, Cuba, Colômbia e Equador e tem obras adquiridas para os acervos do Museu de Arte de São Paulo (MASP) e Museu de Arte Kunsthaus, em Zurique.
Ganhou o Prêmio Esso de Fotografia com uma série de reportagens sobre menores, duas vezes o Prêmio Internacional Nikon, e o Prêmio Vladimir Herzog de Direitos Humanos com reportagem sobre a guerra de El Salvador. Possui um vídeo sobre sua obra produzido em 1993 pelo Instituto Itaú Cultural: Encontro com o artista / Juca Martins. Publicou o livro *Antologia fotográfica*, pela Editora Dazibao em 1990, e o livro *São Paulo/Capital*, editado pelo Instituto Moreira Salles em 1998. Foi um dos sócios fundadores da Agência F4 e atualmente é editor chefe da agência de fotografias digitais Olhar Imagem.

A professional photographer since 1970, Juca Martins has produced articles for national and international newspapers and magazines, and has also worked on institutional projects for companies, ads, books and calendars. He has participated in exhibitions in Brazil, Spain, Italy, France, Germany, Switzerland, Mexico, Cuba, Colombia and Ecuador, and some of his work has been acquired by the São Paulo Art Museum (MASP) and Kunsthaus Art Museum, in Zurich.
He won the Esso Photography award for a series of articles about youngsters, two Nikon International Awards, and the Vladimir Herzog award for Human Rights for his article about the war in El Salvador. A video about his art that was produced by the Instituto Itaú Cultural in 1993: Encontro com o artista / Juca Martins (Meet the artist / Juca Martins). He published Antologia fotográfica (Photographic Anthology), *Editora Dazibao in 1990, and* São Paulo/Capital, *edited by the Moreira Salles Institute in 1998. He was one of the founding members of Agência F4 and is currently the editor in chief at digital image bank Olhar Imagem.*

luciano candisani

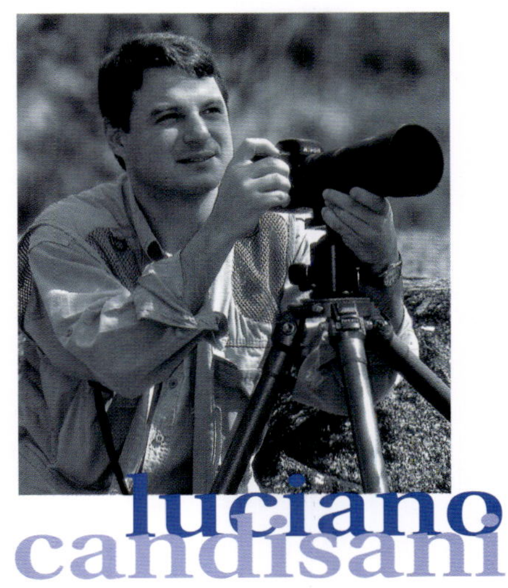

Luciano Candisani é fotógrafo especializado em temas de meio ambiente. Seus trabalhos, premiados no Brasil e exterior, são publicados por revistas como *National Geographic, BBC Wildlife, Sailing Magazine, Illustreret Videnskab, National Geographic Brasil* (Prêmio Abril de Jornalismo – 2002), *Terra, Veja* e *Época*. Sua produção conta também com cinco livros fotográficos. Entre eles, *Peixe-boi* (DBA, 2001), que traz o mais expressivo ensaio fotográfico já produzido sobre a espécie, e *Atol das Rocas* (DBA, 2002), o primeiro livro sobre essa ilha oceânica brasileira. Vem percorrendo alguns dos locais mais remotos do planeta, como Antártida, Amazônia, Terra do Fogo, Fiordes Chilenos, Patagônia, Galápagos, Atol das Rocas e Ilha da Trindade para produzir matérias e livros com um estilo peculiar de mesclar técnica fotográfica com criatividade. Atualmente dirige sua agência de imagens de natureza e dedica-se ao registro da biodiversidade e conservação no Brasil.

Luciano Candisani is a photographer who specializes in environment themes. His work, awarded in Brazil and abroad, is published in magazines such as National Geographic, BBC Wildlife, Sailing Magazine, Illustreret Videnskab, National Geographic Brasil *(Prêmio Abril de Jornalismo – 2002),* Terra, Veja *and* Época. *His productions also includes five photography books. Among them,* Peixe-boi (Manatee) *(DBA, 2001), the most expressive photographic collection about the species ever to be produced, and* Atol das Rocas (Rocas Atoll) *(DBA, 2002), the first book to be published about this Brazilian ocean island. He has been to some of the most remote parts of the planet, such as the Antarctic, the Amazon, Tierra del Fuego, Chilean Fjords, Patagonia, Galapagos, Rocas Atoll and Trindade Island to produce articles and books with his peculiar style of mixing photographic technique and creativity. He currently runs his agency of natural images and has dedicated himself to registering biodiversity and conservation in Brazil.*

Escrituras Editora e Distribuidora de Livros Ltda.
Rua Maestro Callia, 123 – Vila Mariana – 04012-100 – São Paulo, SP – Brasil
Telefax: 11 - 5082 4190
http://www.escrituras.com.br
escrituras@escrituras.com.br

Denise Greco
denisebuzios@mar.com.br

Iara Venanzi
iaravenanzi@uol.com.br

Juca Martins
foto@olharimagem.com

Luciano Candisani
candisani@uol.com.br

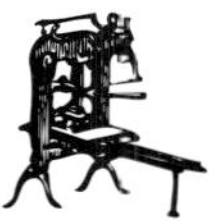

Este livro foi paginado em computadores Macintosh, utilizando os programas
Quark Express 5.1, Illustrator 8.0 e Photoshop 6.0. Esta edição, de 5.000 exemplares, foi impressa
em São Paulo, SP, durante o mês de setembro de 2003, nas oficinas da
gráfica Takano (tel.: 11 - 5694 9999) em papel couché, 150 g/m².

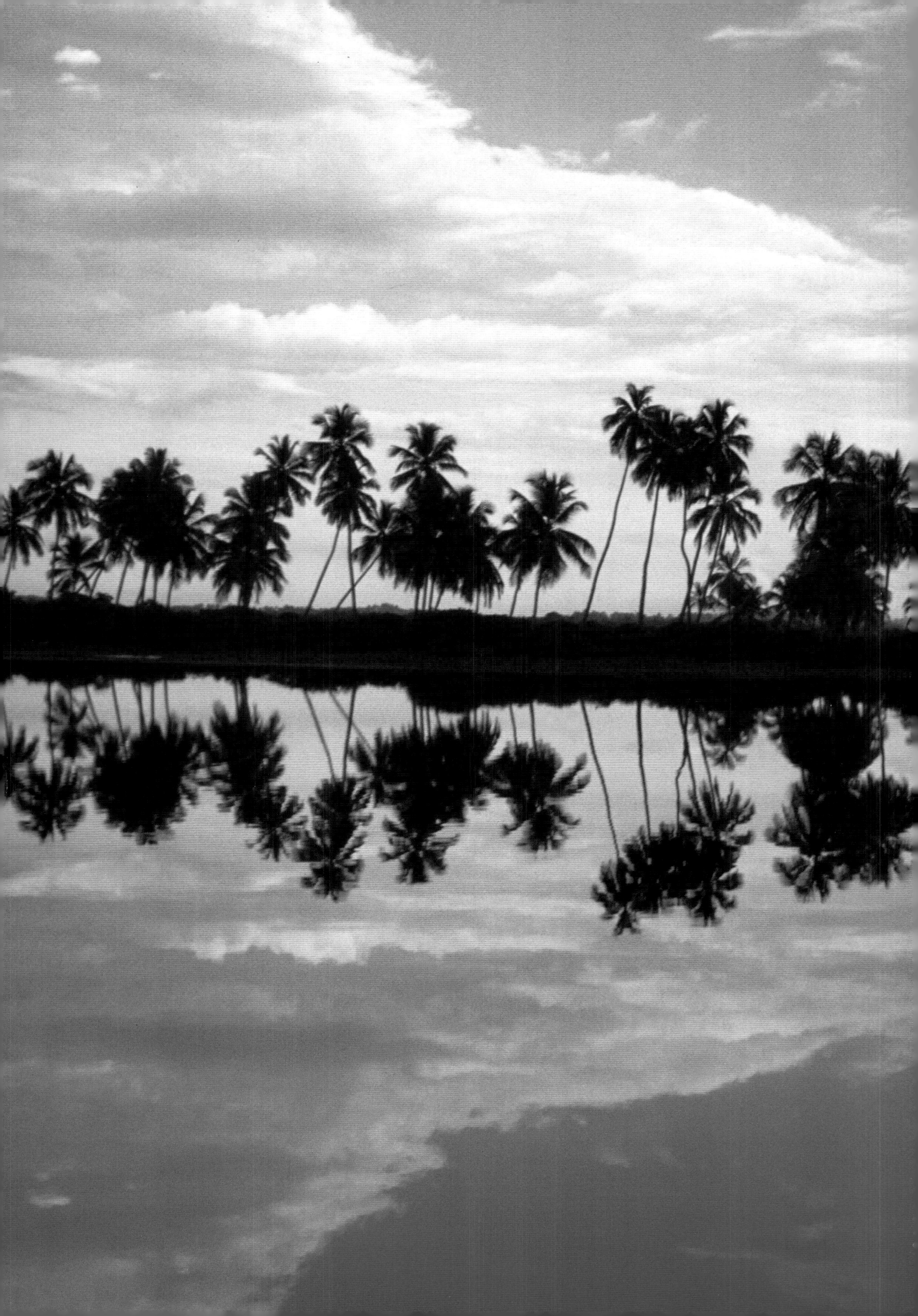